O Gêmeo Solitário

Peter Bourquin
Carmen Cortés

TraumaClinic
Edições

Título: O Gêmeo Solitário

© 2016 TraumaClinic Edições, Primeira edição
Todos os direitos reservados. É proibida a reprodução.

ISBN-13: 978-1-941727-43-0
ISBN-10: 1-941727-43-3

TraumaClinic Edições
SEPS 705/905 Ed. Santa Cruz sala 441
70390-055 Brasília, DF Brasil

www.traumaclinicedicoes.com.br
info@traumaclinicedicoes.com.br

Tradução: Oswaldo Perin
Revisão Técnica: Ronald Ozorio
Arte: Claudio Ferreira
Layout: Marcella Fialho

Publicado originalmente em espanhol:
El Gemelo Solitario, por Peter Bourquin y Carmen Cortés
ISBN: 978-8433027535
© 2014 Editorial Desclee De Brouwer, S.A. Henao, 6 - 48009

© Foto de portada: CHAMILLEW - FOTOLIA.COM

Conteúdo

Introdução

Dedicamos este livro ao 'gêmeo solitário', termo criado por nós mesmos, referente àquelas pessoas que iniciaram sua vida durante uma gravidez múltipla, em geral de gêmeos, e que perderam seu irmão ou irmã durante esse período, na hora do parto ou então durante os primeiros anos de vida. Quando usamos a palavra 'gêmeo', referimo-nos também aos gêmeos fraternos ou trigêmeos fraternos.

Embora, de início, talvez nos surpreendamos, desde os anos 70 é fato conhecido e corroborado pela ciência que, entre 10% a 15% das gravidezes humanas se iniciam como gravidezes múltiplas, embora apenas uma entre 10 chega ao final na condição de parto de gêmeos. Isto significa que, pelos menos uma entre cada 10 pessoas iniciou a vida acompanhada por uma irmã ou irmão gêmeo e que o perdeu, durante o período da gravidez, especialmente durante os três primeiros meses de gestação. A ciência denomina este caso como o de um gêmeo evanescente, isto é, alude ao fato de que o outro gêmeo não deixou vestígio. Entretanto, quando a gestação progride até o final, é possível que permaneçam alguns vestígios biológicos, manifestados durante o parto, por exemplo, como uma segunda placenta ou até mesmo um feto mumificado.

O que surpreende mais é que, apesar de, no âmbito da psicologia sempre ter existido um fascínio e uma curiosidade especial por gêmeos sobreviventes, porque permitem que se estude o desenvolvimento da personalidade sob diversas de suas peculiaridades, faz bem pouco tempo que se presta maior atenção ao que esta experiência de perda representa para o gêmeo sobrevivente. Em especial, porque a relação entre gêmeos é a vinculação mais próxima que conhecemos entre todos os seres humanos, inclusive maior do que o relacionamento com a própria mãe.

Pois bem, este assunto constitui precisamente o núcleo deste trabalho; há alguns anos atrás começamos a expor os resultados que podem decorrer a uma pessoa, pela experiência de viver as primeiras semanas ou meses, junto a um gêmeo dentro do útero e, depois sofrer sua perda e nascer sozinho. As respostas a esta e outras muitas perguntas é o que abordaremos neste livro. Com este propósito, alicerçamo-nos tanto em publicações e pesquisas feitas em países como a Alemanha, Inglaterra e Estados Unidos, bem como em nossa própria investigação e experiência profissional e pessoal. A partir de 2005, quando participamos da primeira oficina para gêmeos em Madrid, temos feito regularmente essas oficinas com gêmeos solitários; nelas, graças aos depoimentos das próprias pessoas afetadas, cujas palavras aparecem frequentemente neste livro em forma de relatos pessoais, começamos a compreender a importância de eles terem iniciado a vida acompanhados e, por outro lado, os resultados que podem manifestar-se na vida por terem sofrido a perda de um irmão.

Nossa primeira intenção ao escrever este livro é que ele venha a ser útil para as pessoas que passaram por esta experiência. Se a leitura os ajudar a compreender-se melhor e dar os primeiros passos na direção da cura dessa antiga ferida, causada pela perda da pessoa mais próxima e querida, então nossa obra terá cumprido a sua função.

Em segundo lugar, acreditamos que este livro servirá também para familiarizar terapeutas profissionais quanto à singularidade dessas pessoas que são gêmeos solitários; em muitos casos, confrontados com problemas que, tratados por outras vias não ocasionaram mudanças substanciais, lhes restaria a hipótese valiosa de considerar que a razão por trás dessas dificuldades é fruto, na verdade, da perda de um irmão gêmeo.

Abraham Maslow disse certa vez: *"Quando a única ferramenta da qual se dispõe é um martelo, todos os problemas se parecem com pregos"*. Certamente seria errôneo reduzir todas as dificuldades que a pessoa enfrenta ao fato de ser um gêmeo solitário, não obstante o fato de que as primeiras experiências de nossa vida são justamente aquelas que nos marcam mais profundamente e que assentam os alicerces de nossa existência.

2

Não há dúvida de que este livro deixará lacunas no âmbito da psicologia, no que se refere ao tema do gêmeo solitário.

Quanto à metodologia, decidimos expor o tema abordando em primeiro lugar a perspectiva biológica do fenômeno, seguida da psicológica e, em terceiro lugar, ceder o lugar a experiências pessoais, que nos permitam observar em detalhe como esta vivência pode afetar as diversas facetas da vida das pessoas em questão. A seguir, discutiremos nosso entendimento de como alcançar o processo de integração e a cura dessa ferida. Por último, desejamos incluir também alguns exemplos de como essa perda do gêmeo deixou vestígios tanto em nossa cultura quanto em outras.

Por uma questão de simplificação, referimo-nos sempre no masculino ao gêmeo, gêmeo fraterno e irmão, embora estejamos cientes de que é apenas um recurso de redução e, assim, mais fácil do que utilizar alternadamente os dois gêneros.

Esclarecemos que este livro é fruto da colaboração de ambos os autores, Peter Bourquin e Carmen Cortés, não apenas no que se refere a redigi-lo, como também quanto ao trabalho realizado durante estes anos de pesquisas e participação em cursos sobre o tema. Portanto, ambos apoiamos integramente tudo o que aqui está publicado.

Finalmente, desejamos mencionar ainda que se trata de um trabalho pioneiro, pois até o momento de escrevermos estas linhas ainda não foi publicado nenhum livro em espanhol sobre o tema. Por essa razão, como costuma acontecer com qualquer trabalho pioneiro, enfatizar quanto à provisoriedade do que aqui se publica e na necessidade de se continuar investigando esse tema porque, como é habitual, encontrar certas respostas é o caminho mais curto para levantar outras perguntas.

PRIMEIRA PARTE
A PERSPECTIVA BIOLÓGICA

"A história dos nove meses anteriores ao nascimento de um ser humano é, provavelmente, muito mais interessante e encerra acontecimentos mais transcendentes do que os setenta anos seguintes".

Samuel Taylor Coleridge (1772-1834)

Capítulo 1: O início da vida – da concepção ao parto

Provavelmente, no início da vida, chegar a ter o corpo humano que temos quando finalmente nascemos seja, para cada um nós, o processo e a viagem mais espetacular que jamais empreenderemos. Este processo acontece em um ambiente escuro, protegido e, imaginava-se até pouco tempo atrás, um lugar secreto, mas nem por isso menos impressionante. Tudo ocorre muito além de nossa visão e, muitas vezes, no princípio da gravidez é possível que nem sequer tenhamos conhecimento do processo já iniciado nas profundezas íntimas do corpo feminino.

Esta etapa inicial de nossa existência tem sido envolta em mistério, rodeada das mais extravagantes especulações até há poucas décadas passadas quando, com a descoberta de diversas tecnologias aplicadas à obstetrícia - como, por exemplo, a utilização do ultrassom, a fotografia intrauterina e o desenvolvimento de novos instrumentos de mensuração dos sinais vitais - pode-se, pela primeira vez na história da humanidade, ver, auscultar e observar diretamente o que acontece dentro deste espaço, até agora velado e estritamente privado, qual seja, o útero materno.

Entre os trabalhos pioneiros de investigação e a descoberta de novas técnicas de aproximação ao que sucede no útero materno, deve-se destacar, principalmente em razão dos resultados por ele obtidos, o nome do cientista sueco Lennart Nilsson, um dos precursores da fotografia médica. Foi ele a primeira pessoa que fotografou a gestação dentro do útero e os diferentes estágios da reprodução humana. Seu livro 'Ha nacido un niño' ('Nasceu uma criança'), publicado em 1965, contém imagens de extraordinária beleza, e nelas estão refletidas pela primeira vez, o instante em que o espermatozoide penetra no óvulo, o momento em que o embrião se aninha no útero, bem como o feto nas diversas fases do processo da gestação.

Aqui, iremos apenas mencionar em traços rápidos, o que nos ajudará a compreender um pouco mais o que nos aconteceu neste espaço: assim foi o princípio de nossa vida.

A concepção - o encontro entre o óvulo e o espermatozoide

Todos nós sabemos que estamos vivos graças ao encontro sexual entre nossos pais: depois de um período de excitação, o homem expulsa uma certa quantidade de sêmen no trato vaginal da mulher. Isto, que parece acontecer de forma natural, instintiva ou até de maneira impulsiva, esconde uma grande dose de sabedoria, previsão e preparação; para que o encontro entre a célula sexual masculina e feminina se realize com êxito, outras coisas precisam acontecer antes.

O espermatozoide

Os espermatozoides no homem são cultivados em seus condutos seminais e passam por um processo de maturação que dura aproximadamente dois meses, durante os quais sofre diversas transformações. Durante este processo, a célula original de 46 cromossomos - um número igual ao restante das células do corpo humano - diminui para apenas 23, em um ato visionário de previsão. O espermatozoide maduro possui uma cabeça equipada com um invólucro, onde se localiza o ADN, uma parte central e uma longa cauda, em forma de chicote. Nos seres humanos os cromossomos sexuais são dois e têm a forma aproximada de X e Y; entre os cromossomos que carrega na cabeça, o espermatozoide inclui um destes dois e, dependendo de ser X ou Y, determinará o sexo do futuro ser, pois o óvulo sempre leva o cromossomo X.

Nosso herói está pronto para a sua tarefa. Chegado o momento do encontro sexual, produz-se a ejaculação e o homem libera no colo vaginal da mulher uma certa quantidade de esperma, que poderá conter entre 200 a 300 milhões de espermatozoides. Destes, apenas 300 a 500 chegarão até o objetivo, não sem antes ter superado grandes dificuldades. Para começar, o ambiente vaginal é ácido e somente graças aos nutrientes e fluidos alcalinos que também fazem parte do sêmen, os espermatozoides podem sobreviver; em segundo lugar, há que considerar-se a distância a percorrer, e isto quer dizer que o espermatozoide de apenas 60 micra de comprimento, deverá percorrer uns 12 cm, o equivalente aproximado, em nosso mundo normal, de 120 km. Além disso, o caminho à frente nem sempre está desimpedido, pois uma vez que tenha chegado ao colo uterino, o espermatozoide tem que atravessá-lo, e isso só é possível durante uns poucos dias do ciclo feminino; normalmente, o colo do útero está banhado com um espesso muco cervical, e somente depois de uma ovulação esse muco é substituído por outro, transparente e menos espesso, através do qual os espermatozoides conseguirão penetrar. Por último, uma vez dentro do útero, o espermatozoide tem que orientar-se dentro deste grande espaço, repleto de cavidades e reentrâncias onde é muito fácil ficar perdido.

Um espermatozoide forte e rápido, que não se depare com grandes obstáculos em seu caminho, irá demorar quem sabe umas duas horas para chegar até as trompas de Falópio; outros, que sejam mais lentos ou encontrem maiores dificuldades, podem demorar até mesmo dias para chegar, embora a grande maioria, como dissemos, jamais atinge o ponto final.

O óvulo

Na mulher, os óvulos começam a se formar durante o segundo trimestre de sua própria gestação, quando ainda se encontra no ventre materno. Aproximadamente no quinto mês já existe uma grande quantidade deles nos ovários do feto feminino, podendo chegar a uns cinco milhões.

Muito mais tarde, com as mudanças que ocorrem na puberdade, respondendo a um sinal proveniente da glândula pituitária e do hipotálamo, os ovários começam a produzir hormônios que colocarão em marcha o processo de maturação dos futuros óvulos. Como parte deste processo, os óvulos que, nesta fase ainda se chamam ovócitos, terão 23 cromossomos e, deste modo, quando se encontram com o espermatozoide, os dois irão somar 46.

No interior dos ovários, a cada mês, ocorre o seguinte ritual: um grupo de células nutridoras passa a cuidar e alimentar o óvulo, cercando-o e formando o que se chama de folículo. Dentro dele, o óvulo, em processo de maturação, recebe uma dieta rica em hormônios, que o transformarão, ao cabo de duas semanas, em um óvulo maduro. Chegado o momento, o folículo aflora para a superfície do ovário, originando uma protuberância que, em seu devido momento romperá a parede do ovário. Assim, o óvulo, envolto em seu manto de células protetoras, se libera. As trompas de Falópio estão de prontidão para apanhar o óvulo liberado. Diferentemente do espermatozoide, o óvulo é uma célula que não possui mobilidade própria e, outra vez também diferente, utiliza outra ajuda, pois as trompas estão equipadas com cílios, em movimento constante, empurrando o óvulo para o útero.

De modo geral, uma mulher saudável e em idade de conceber, libera um óvulo a cada mês em um dos seus ovários, embora, excepcionalmente, possam ser liberados dois ou três, dando lugar a gêmeos fraternos ou trigêmeos fraternos.

O Encontro

Estamos próximos ao momento para o qual nossos protagonistas foram criados e minuciosamente preparados. Logo que o óvulo tenha sido expelido do ovário, inicia sua lenta descida para o útero, pelas trompas de Falópio e, se tiver sorte, pode ser que se encontre com os espermatozoides que estão subindo ou já tenham subido pelas trompas. Ainda que apenas um espermatozoide possa penetrar o óvulo, todos os outros que chegam também são necessários, pois as enzimas que carregam na cabeça irão agir na capa das células que recobrem o óvulo a fim de que ela vá paulatinamente desaparecendo, fazendo com que sua superfície esteja finalmente exposta.

Uma vez que o caminho esteja aberto, os espermatozoides sobreviventes tentarão penetrar no óvulo. Quando um deles o consegue – sua cauda se desprende e a cabeça imerge na célula feminina - produzindo-se uma forte reação química que bloqueia o caminho dos demais, pois a penetração de um outro, com sua própria carga de cromossomos tornaria o óvulo inviável. Dentro do óvulo, as membranas dos núcleos se fundem, mas ainda irá demorar algumas horas, até doze, para que as hélices do ADN dos núcleos se aproximem, façam contato e finalmente se emparelhem. Este é verdadeiramente o instante do início da nova vida, com suas características únicas e individuais.

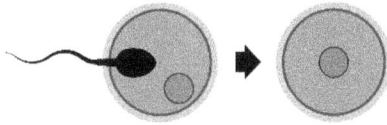

Primeiro trimestre - Desenvolvimento embrionário

Começando a contar desde a fecundação até o momento da implantação no útero, podem passar de 6 a 10 dias. Durante este período o zigoto recém-formado cresce. Nos primeiros dias, este crescimento consiste em que as células apenas se dividem, multiplicando-se, embora ainda de maneira indiferenciada. A esse primeiro grupo de células indiferenciadas dá-se o nome de mórula.

Ao cabo de alguns dias, esta massa de células começa a produzir uma diferenciação, quando algumas delas migram para a periferia, criando uma esfera com espaço interior, no qual permaneceu o outro grupo de células. A parte interna será o que mais tarde formará o embrião, e a parte externa será a encarregada de fixar-se ao útero, formando a placenta e a membrana exterior ou cório. O novo ser adquire o nome de blastócito.

Entre o sexto e o décimo dia produz-se o implante no útero, uma tarefa muito delicada, considerando-se que apenas entre 20 e 40% dos óvulos fecundados chegam a este ponto.

Nesta fase, se a implantação for realizada com sucesso, podemos agora começar a falar de embrião e, daí por diante, as mudanças neste pequeno ser são rapidíssimas. Após três semanas da concepção já aparecem um eixo cefálico-caudal e os rudimentos da espinha dorsal. Ao redor do dia 25, o coração começa a bater - é o primeiro órgão que funciona no novo ser - e o sistema nervoso começa a desenvolver-se, o embrião já dispõe de um cérebro primitivo e aparecem pequenas protuberâncias que irão se desenvolver como braços e pernas.

O segundo mês da gestação é o momento mais intenso do desenvolvimento embrionário. Neste período o cérebro continua se desenvolvendo e se forma a maior parte dos órgãos e estruturas do embrião: o fígado, os rins, as glândulas, os dedos das mãos, os músculos, os testículos ou ovários, e os nervos, que crescem até conectar cada órgão e músculo com o cérebro. A cauda desaparece e forma-se a pele, ao passo que a cartilagem que formará o esqueleto começa a endurecer e se transformar em osso. No final deste mês o embrião já possui o rosto com olhos, nariz e lábios. As orelhas estão desenvolvidas, bem como a língua, que já dispõe de papilas gustativas, e aparecem uns dentes incipientes. Medindo uns sete centímetros, tem uma aparência plenamente humana e, desde então até o final da gestação passará a chamar-se feto.

A partir da sétima semana começará a se mover, no início com movimentos reflexos, os quais logo cederão lugar a outros movimentos precisos e intencionais. Gostaríamos de incluir aqui um relato escrito pelo Dr. Rockwell, diretor de Anestesiologia do Hospital Leonard, de New York, escrito em 1970, a respeito de uma experiência bem curiosa que teve em 1959. O relato foi retirado do livro 'Womb Twin Survivors' de Althea Hayton:

"Onze anos atrás, quando administrava um anestésico para uma gravidez ectópica rompida (em uma gestação de dois meses), me entregaram o que eu imaginei fosse o menor ser humano que eu jamais havia visto. O saco embrionário estava intacto e era transparente. Dentro do saco estava um homenzinho (aprox. 1 cm),

nadando vigorosamente no líquido amniótico, ao mesmo tempo que continuava conectado ao cordão umbilical. Este minúsculo homenzinho estava perfeitamente desenvolvido, com os dedos das mãos grandes e afilados, pés e dedos dos pés. No que se referia à pele, era quase transparente, e as artérias e veias delicadas eram proeminentes nas extremidades dos dedos.

O bebê aparentava muita vitalidade e nadava ao redor do saco, uma vez cada segundo, com um estilo natural de natação. Este diminuto ser humano não se parecia em nada com as fotografias, desenhos e modelos de embriões que eu já tinha visto, nem era parecido com outros embriões que observei deste então, obviamente porque este estava vivo. Quando o saco foi aberto, o diminuto ser humano morreu imediatamente e assumiu o aspecto do que seria um embrião nesta idade. Seis meses mais tarde, durante uma conferência sobre embriologia na Universidade Harvard, aproveitei para perguntar aos cerca de 150 médicos presentes, se algum deles tinha testemunhado um fenômeno semelhante. Todos ficaram assombrados e nenhum havia visto ou ouvido falar de um evento similar".

Segundo trimestre

No terceiro mês, o novo ser já tem todos os órgãos formados e daí em diante apenas irão se aperfeiçoar. Os membros superiores quase que atingem seu comprimento final relativo, embora os inferiores não estejam tão desenvolvidos. O risco de aborto diminui e aumenta a capacidade de resistência frente a agentes agressores. Seu peso alcança mais ou menos 30 gramas.

Durante o quarto mês, os olhos se deslocam na direção da linha média, a fim de assumir sua posição final, e os pavilhões auriculares ocupam sua posição definitiva nos lados da cabeça. Os membros inferiores aumentam de comprimento, o feto pesa uns cem gramas e seus traços se tornam ainda mais humanos. Produz-se um rápido desenvolvimento dos sistemas orgânicos e os movimentos do bebê já podem ser percebidos pela mãe.

No quinto mês o feto pesa entre 300 e 400 gramas e mede uns 25 centímetros; aparece a primeira gordura, que faz com que suas formas se arredondem. No sexto mês a medula óssea começa a fabricar células sanguíneas, despontam as sobrancelhas e pestanas, desenvolvem-se os pulmões, os alvéolos principiam a sintetizar surfactante - imprescindível para a dilatação pulmonar - e o aumento de peso é considerável, chegando inclusive a 700 gramas.

Terceiro trimestre

Estes últimos meses da gestação são dedicados ao aperfeiçoamento e maturação de todos os sistemas e também ao crescimento. O tecido adiposo aumenta proporcionalmente, chegando a atingir um oitavo da massa corporal no instante do parto, o que o protegerá do frio durante o nascimento. Os olhos se abrem e pela semana 30 aparece o reflexo pupilar. No nono mês o feto se encaixa de cabeça para baixo com a cabeça sobre a pélvis da mãe. Está pronto para sair para o mundo.

Capítulo 2: Como se forma uma gravidez múltipla

Vimos como é o processo da concepção e desenvolvimento de uma gravidez única, mas o que acontece no caso de gêmeos? Como se iniciam as gravidezes múltiplas?

A razão por que acontece com maior ou menor frequência depende de diversos fatores. Entre outros, uma predisposição genética em certas famílias, a idade da mulher e, também a alimentação. Por exemplo, em uma certa zona da África ocidental, onde estão Benin e Nigéria, sabe-se que uma raiz local, comumente consumida possui um grande estimulante hormonal para as mulheres: em consequência, ali existe a maior incidência mundial de nascimentos múltiplos. O fator racial também é importante: entre as mulheres de raça branca, a incidência de gêmeos é menor do que entre as de raça negra, enquanto que o fenômeno é muito menos comum entre as mulheres asiáticas. De igual modo, sabe-se que as mulheres que estão no início ou na fase final de seu ciclo reprodutivo têm uma probabilidade maior de ter uma gravidez gemelar.

Nas últimas décadas surgiu no mundo ocidental um outro fator importante que aumentou muito o número de gravidezes gemelares. Referimo-nos às técnicas de reprodução assistida, sobretudo o processo *in vitro*, mediante as quais se fecundam vários óvulos, dos quais são implantados normalmente dois. Isto é feito assim porque, frequentemente apenas um deles prospera. Não obstante, dobrou o número de partos de gêmeos na Espanha nos últimos vinte anos, por causa disso.

Há diversas maneiras de começar a vida acompanhado. Deixando de lado a fecundação *in vitro*, a diferença mais importante para o início das gravidezes de gêmeos é se elas começam:

• de dois diferentes ovos fecundados - gêmeos dizigóticos.

• de um só - gêmeos monozigóticos.

Gêmeos dizigóticos

A maioria das gravidezes gemelares, quase dois terços, se originam de diferentes óvulos fecundados, o que acontece quando uma mulher libera dois óvulos em um mesmo mês.

Os gêmeos dizigóticos são também chamados bivitelinos (ou fraternos) são geneticamente como dois irmãos que repartem apenas uma parte de seu ADN. Podem ser do mesmo sexo ou ter sexos diferentes.

Os gêmeos dizigóticos se originam a partir de diferentes óvulos da mulher, liberados ao mesmo tempo ou com poucos dias de diferença e fecundados, cada um, por diferentes espermatozoides. Esta fecundação pode produzir-se como resultado de um só intercâmbio sexual ou como resultado de atos sexuais diversos; inclusive poderiam ter pais diferentes. Geralmente produz-se no mesmo ciclo menstrual, embora haja casos, excepcionalmente raros, de gêmeos dizigóticos que foram concebidos em meses diferentes.

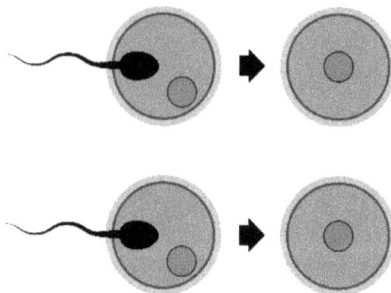

Gêmeos fraternos

Portanto, os gêmeos dizigóticos começam sua gestação de forma separada e em momentos diferentes. Cada um deles tem sua própria placenta, cório (bolsa exterior) e âmnio (bolsa interior). Às vezes as placentas chegam a fundir-se, se a implantação no útero foi próxima, mas assim mesmo, depois do nascimento podem se separar com facilidade, considerando que são duas placentas diferentes.

Gêmeos monozigóticos

Os gêmeos monozigóticos, também chamados gêmeos idênticos, formam-se a partir de um só óvulo fecundado, que se divide por si mesmo. Aproximadamente um terço dos gêmeos se originam assim.

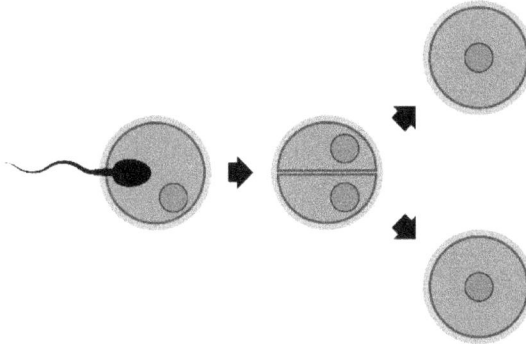

Gêmeos

Esta divisão só pode ocorrer durante as duas primeiras semanas depois da concepção e o momento em que ocorre é importante, por causa das consequências que terá na gestação. Que diferenças são essas causadas pelo momento da divisão?

• Divisão na mórula, dias 1 a 4:

Nos primeiros dias após a fecundação, o zigoto se desenvolve em uma massa de células chamada mórula, células ainda indiferenciadas. Se a divisão acontecer neste momento, os gêmeos terão, cada um, sua placenta, seu próprio saco amniótico e seu cório, embora as placentas possam unificar-se, se no local do implante de um e do outro a parede uterina estiver próxima.

• Divisão no blastocisto, dias 4 a 8:

No quarto dia o zigoto se converterá em blastocisto. Aqui começa a existir uma diferenciação de células: a parte externa do blastocisto cederá lugar à placenta, enquanto que a parte interna irá formar o corpo do feto. Se a divisão do ovo ocorrer entre o quarto e o oitavo dia, os gêmeos compartilharão a placenta e o cório, mas cada um terá seu próprio saco amniótico.

• Divisão entre os dias 8 a 13:

Se a divisão ocorrer mais tarde, entre o oitavo e décimo terceiro dia, os gêmeos terão apenas um único cório, um só âmnio e uma só placenta. Esta última possibilidade é a que traz maiores complicações durante o período da gestação. Pode acontecer o que se chama de síndrome de transfusão gêmeo a gêmeo, na qual o sangue de um dos gêmeos passa para o outro, porque criou um circuito sanguíneo entre eles, que faz com que um deles fique com pouco sangue e o outro com demasia; isto afetará a saúde de ambos e pode, inclusive, causar a morte. Nesta circunstância é possível que os cordões umbilicais dos dois fetos se entrelacem de tal maneira que trará complicações durante o parto. Entretanto, é a situação menos frequente, sendo que apenas 1% dos gêmeos monozigóticos se enquadram neste grupo.

Quanto mais tarde se produzir a divisão, mais os gêmeos compartilharão e assim, se a divisão acontecer mais tarde ainda, entre o décimo terceiro e o décimo quinto dia, pode levar aos chamados 'gêmeos siameses', quer dizer, que não ficam separados de todo e algum órgão ou parte do corpo passa a ser a mesma para os dois.

Outras gravidezes múltiplas: trigêmeos e quadrigêmeos fraternos

Os **trigêmeos** fraternos podem originar-se de diferentes modos:

• A partir de três óvulos fecundados, cada um por um espermatozoide, do que resultarão irmãos que, à semelhança com os dizigóticos, compartilham apenas uma parte do seu ADN.

• A partir de um óvulo, que se divide uma vez que tenha sido fecundado (um par de gêmeos monozigóticos), mais outro óvulo independente, fecundado aproximadamente ao mesmo tempo.

• A partir de um só óvulo fecundado, que se divide em dois, e depois um desses dois torna a dividir-se, resultando em trigêmeos idênticos.

Os **quadrigêmeos fraternos** podem originar-se de um desses modos:

• A partir de dois óvulos fecundados no mesmo momento e que se dividirão, cada um deles, resultando em dois pares de gêmeos monozigóticos.

• A partir de um par de gêmeos monozigóticos, mais outros dois óvulos fecundados de forma independente, mas aproximadamente ao mesmo tempo.

• A partir de um só óvulo fecundado, que passa duas vezes pelo processo de divisão, dando lugar a quadrigêmeos idênticos.

• A partir de trigêmeos, provenientes de um só óvulo, mais outro óvulo fecundado independentemente.

• A partir de quatro óvulos diferentes, fecundados de maneira independente, como aconteceu em algumas ocasiões no começo da utilização de fertilização *in vitro*, quando era implantado um número maior de óvulos fecundados.

Capítulo 3: O gêmeo evanescente

Até aqui tratamos dos começos e do desenvolvimento da gravidez única e de gêmeos. Agora entraremos no tema específico deste livro, quando se perde no caminho um ou vários dos não nascidos.

Infelizmente, nem todas as gravidezes gemelares ou múltiplas chegam ao final em um parto de gêmeos. Isto ficou claro a partir dos anos 70 do século passado, usando técnicas de ultrassom no campo da obstetrícia, o que representou uma verdadeira revolução. Este avanço tornou possível ter acesso ao útero materno de uma maneira que antes era impensável, e isso se traduziu em conhecimento e compreensão muito maior do que ocorre na vida intrauterina. E ainda continuamos aprendendo!

No final dos anos 70 o Dr. Levi realizou seu primeiro estudo de certo alcance, pesquisando mais de 6.600 mulheres grávidas. Graças a ecografias realizadas antes das 10 semanas de gravidez, ele verificou que havia muito mais gravidezes gemelares antes do que por ocasião do parto; 71% das gravidezes detectadas inicialmente como sendo gemelares, terminaram com o parto de um só bebê.

Um pouco mais tarde, em 1980, durante o Terceiro Congresso Internacional de Estudos sobre Gêmeos, usou-se pela primeira vez o termo 'gêmeo evanescente' e foi assim definido, porque embora no início das gravidezes gemelares pode se observar com frequência a existência de dois sacos gestacionais, mais tarde um deles desaparecia sem deixar vestígio físico, conforme ecografia posterior. A gravidez continuava sendo considerada como gravidez única e o parto ocorrendo com um só bebê.

Na década de 90 realizaram-se vários estudos sobre a frequência deste fenômeno, sendo o mais conclusivo realizado por Charles Boklage, biólogo e geneticista da universidade de East Carolina, nos Estados Unidos. O resultado de sua investigação foi que, mais de 12% de todas as concepções naturais são múltiplas. Destas, mais de 76% se alteram completamente antes do nascimento e, ao redor de

22% nascem como bebês únicos, enquanto apenas 2% nascem vivos como um casal de gêmeos.

Quando os investigadores se deram conta disso e a frequência com que ocorria, imediatamente surgiu a pergunta: Como é possível um feto desaparecer sem deixar vestígio?

Pois bem, a grande maioria das perdas ocorre durante o primeiro trimestre de gravidez e, quando isto acontece, o mais provável é que o pequeno feto ou embrião seja absorvido pela placenta ou pelo útero, desaparecendo sem deixar vestígio. Quem sabe possa restar ainda algum sinal na placenta, resultante de ela ser anormalmente espessa ou apresentar algum nódulo, porém é fácil que estes indícios passem desapercebidos; só uma ecografia inicial anterior à nona semana mostraria a existência de dois sacos gestacionais, demonstrando deste modo que se tratava de uma gravidez de gêmeos. Uma ecografia aos três meses seria tardia demais, pois que só iria apresentar um único embrião.

Se a morte do feto ocorre algum tempo posterior durante a gravidez, digamos a partir do quarto ou quinto mês, o que pode acontecer é que a água do corpo do feto seja reabsorvida pelo corpo da mãe e o feto se converta naquilo que se chama *fetus papyraceus*, quer dizer, um feto mumificado e geralmente achatado, resultante da compressão mecânica que recebe dentro do útero. Este tipo de feto geralmente emerge durante o parto do gêmeo sobrevivente, mas de qualquer modo, é pouco frequente. Na grande maioria dos casos o feto ou o embrião perde-se durante o primeiro trimestre da gestação e é reabsorvido pelo organismo materno, deixando nenhum ou muito poucos vestígios visíveis que, se não forem procurados intencionalmente, podem passar completamente desapercebidos.

O corpo da mulher é feito para sustentar em ótimas condições uma gravidez individual. Se observarmos tudo o que tem que acontecer corretamente para que se produza uma gestação e que chegue a um final feliz, é quase um milagre verificar-se a frequência com que isto ocorre. Claro, no caso de gravidezes múltiplas, a coisa se complica ainda mais, porque quando existe mais do que um bebê, podem surgir muitas outras dificuldades na sequência completa do processo. Por isso, o dado conhecido e confirmado desde o fim dos anos 70, é de que muitas gravidezes que se iniciam como gemelares acabam com o nascimento de um único bebê, encontrando sua explicação em que a própria natureza sacrifica o desenvolvimento de um feto para garantir a sobrevivência do outro.

Em resumo, poderíamos dizer que para cada casal de gêmeos vivos, há pelo menos dez pessoas que começaram sua gestação como gêmeos, mas perderam seu irmão durante a gravidez. Se levarmos em conta a frequência dos partos múltiplos na Espanha no princípio dos anos 90, como sendo ao redor de 1%, podemos deduzir que esse número de gêmeos solitários gira ao redor de 10% da população. Desde então, o número de partos de gêmeos quase dobrou, por causa da fertilização assistida, o que indubitavelmente justifica um aumento considerável do número de gêmeos solitários.

Capítulo 4: Indícios biológicos de gravidez gemelar

Embora, conforme afirmamos, na grande maioria dos casos restam apenas vestígios fisiológicos da morte de um gêmeo, existem outros indícios sobre a existência de um ou mais gêmeos que desapareceram em algum momento da gestação. Listamos a seguir aqueles que consideramos sejam os mais importantes.

Indícios durante a gravidez:

• Gravidez obtida mediante fertilização assistida *in vitro*. Ao utilizar este método, fecundam-se vários óvulos e implantam-se pelo menos dois deles.

• Sangramento durante os primeiros meses da gestação. Ainda que nem todos os sangramentos estejam relacionados com a perda do feto, isto evidencia uma alta probabilidade de que tenha acontecido.

• Suspeita, por parte de um médico, enfermeira ou mesmo um terceiro, de gravidez gemelar.

• Tamanho uterino superior ao tempo gestacional, no primeiro trimestre.

• Aborto espontâneo ou provocado, ou pelo menos suspeita de aborto, embora a gravidez continue. Neste caso, um dos dois se perde, enquanto o outro continua sua gestação.

Indícios durante o parto:

• Aparecimento de uma placenta grossa ou aumentada além do usual, ou apresentando marcas, nódulos ou lesões.

• Aparecimento de duas placentas, sacos amnióticos, membranas ou cordões.

• Descoberta de outro embrião ou seus restos.

• Descoberta de um *fetus papyraceus*.

Indícios no corpo do gêmeo sobrevivente:

• Teratoma. Teratomas são quistos benignos encapsulados e que, geralmente, contém em seu interior restos de tecido, pelo ou unhas. Tem sua origem em células mães que circulavam no circuito sanguíneo do embrião e evidenciam gravidez gemelar.

• Quisto ovárico dermoide. Do mesmo modo que os teratomas, são muito mais frequentes em pessoas em cujas famílias existam gêmeos.

• Órgãos duplicados ou acima do número normal. Embora não seja a única causa possível, indica com bastante probabilidade, uma gravidez gemelar.

• Órgãos espelho. Existem pessoas que possuem lateralidade inversa, quer dizer, seus órgãos estão posicionados no lado oposto ao habitual. Isto pode ocorrer somente no caso de um par de gêmeos.

• Quimerismo. Esta é uma desordem genética, na qual diferentes materiais genéticos se juntam, isto é, ADN diferentes em uma mesma pessoa. É um fenômeno raro, porém sua origem parece estar ligada à gravidez gemelar.

• *Fetus in fetu*. Esta é uma má formação pré-natal, pela qual o corpo do gêmeo fica enquistado e continua vivendo dentro do corpo do irmão. Em verdade não se trata de um corpo completo, mas apenas de um fragmento de corpo, o qual não possui cérebro e apenas pode sobreviver como parasita dentro do corpo humano. É um fenômeno extremamente raro, porém documentado em uma centena de casos na literatura médica, durante os últimos séculos. Calcula-se que aconteça em 1 de cada 500.000 nascimentos.

Estamos cientes de que os três últimos casos são extremamente raros, mas queremos assim mesmo mencioná-los, pois muitas vezes aparecem nos jornais, por causa de seu sensacionalismo.

Também tem sido fonte de especulação por parte de diversos autores, se o fato de ser canhoto poderia ser um indício de gêmeo solitário. Nossa experiência não confirma esta suposição. A grande maioria dos participantes em nossos cursos monográficos, exclusivos para gêmeos solitários, são destros. E, certamente, também encontramos com alguma regularidade, pessoas que são canhotas e não são gêmeos solitários. O que gostaríamos de compartilhar, em relação a isso, é uma observação que vem se repetindo ao longo dos anos, de que, nos poucos casos de pessoas ambidestras, aconteceu que sempre eram gêmeos solitários. E embora este número de pessoas não seja suficientemente grande para que se tire uma conclusão, desejamos mencioná-lo aqui e, quem sabe, algum estudo científico futuro possa corroborar este dado.

Capítulo 5: A vida no útero

Nosso conhecimento do que ocorre dentro do útero aumentou drasticamente nas últimas décadas, graças ao desenvolvimento da embriologia e a utilização de diferentes técnicas, tais como ecografias e os novos instrumentos de mensuração dos sinais vitais. Faz relativamente pouco tempo, talvez 50 anos, a compreensão disponível da experiência fetal era muito reduzida: acreditava-se que o feto apenas sentia, que os fetos no útero viviam em uma espécie de limbo, sem consciência, e que a vida basicamente começava no momento do nascimento, como que partindo de uma página em branco. Diferentemente, hoje podemos avaliar até que ponto esta noção da vida intrauterina estava longe da realidade. O certo é que, à luz dos novos conhecimentos sobre o que acontece nesta etapa, estamos percebendo, não somente que os fetos e os pequenos embriões têm uma vida muito mais intensa e variada do que se pensava a pouco tempo atrás e, mais ainda, de que o que se experimenta nesta primeira etapa tem um efeito profundo e duradouro em nós.

A seguir, vamos explorar diferentes âmbitos desta experiência, como os sentidos, as emoções e o comportamento daquele que não nasceu.

Sentidos

O **tato** é um dos primeiros sentidos que se desenvolve no não nascido. A pele é de longe o maior órgão sensorial do corpo, repleto de uma grande variedade de terminações nervosas. Começa a formar-se pela quinta semana de gestação e, a partir daí a sensibilidade ao tato se desenvolve rapidamente. Nos fetos de sete semanas é possível observar reações como abrir a boca, em resposta a um ligeiro contato com a mesma. A sensibilidade se expande, principalmente para as plantas dos pés, os genitais e as palmas das mãos. A partir da décima semana, têm sido observadas reações ao contato e carícias sobre estas partes do corpo. Igualmente tem sido possível comprovar que os fetos reagem à dor quando uma agulha penetra no útero e roça sua pele; também, que as mãos do feto se desenvolveram de tal maneira que podem ativamente 'pegar' alguma coisa, por exemplo, o cordão umbilical.

O **paladar** se desenvolve a partir da oitava semana de gestação. Neste momento já se podem verificar os primeiros sinais das papilas gustativas, que até a semana doze estão totalmente formadas. A partir das treze semanas o feto já engole pequenos goles de líquido amniótico e, como seu sabor depende em grande parte, da dieta da mãe, pode-se experimentar e comprovar que, ao introduzir sabores amargos, os bebês reduzem drasticamente a ingestão, ao passo que, ao se introduzirem sabores doces, os bebês duplicam a ingestão. Também já se viu que ao redor das treze semanas, os fetos começam a chupar o dedo, e gostam disso, pois chegam a fazê-lo por longos períodos, ao ponto de criar um calo, claramente visível no instante do nascimento.

O **olfato** de desenvolve paralelamente com o paladar; ao redor da décima terceira semana, as estruturas nasais encontram-se praticamente formadas e nelas encontramos uma pequena zona sensível. E, embora até a pouco tempo se pensasse que este sentido não teria relevância enquanto no útero, por ser um ambiente líquido, agora se sabe que os fetos podem distinguir pela cor, uma variedade de substâncias. Em uma experiência recente, com recém-nascidos, verificou-se que podem reconhecer o cheiro de seu líquido amniótico. Este experimento consistiu em colocar um pano impregnado com o líquido amniótico próximo de suas fossas nasais, e isso tinha um efeito tranquilizante para os bebês, os quais choravam menos do que os outros que não tinham passado pela mesma experiência. Verificou-se também que os recém-nascidos reconhecem com facilidade o cheiro de sua mãe e que isto lhes é de grande ajuda na hora de pegar o peito.

O **ouvido** começa a formar-se depressa e, uma semana depois da fecundação já se podem distinguir os primeiros sinais das orelhas. Entre nossos órgãos sensoriais, o ouvido é, certamente, o que possui uma das estruturas mais complexas, e o primeiro que se torna completamente formado durante a gestação. Acredita-se que, ao redor da décima-quarta semana o não nascido já pode ouvir razoavelmente bem, embora as estruturas do ouvido continuem a se aperfeiçoar até o final da gravidez. A audição talvez seja o sentido mais importante para se relacionar com o mundo exterior durante a gestação. Sabe-se que os fetos podem distinguir claramente a voz de sua mãe, também de seu pai, podem ouvir música e inclusive expressar suas preferências musicais (Mozart demonstrava ter muito maior aceitação do que Beethoven ou a música rock).

A **visão** é o sentido que se desenvolve em último lugar. Até o sétimo mês as pálpebras permanecem fechadas, mas mesmo assim, o feto pode perceber a luz e a obscuridade através das pálpebras a partir da décima-quarta semana. Os não nascidos desta idade reagem franzindo a sobrancelha ou colocando a mão sobre os olhos ao enfrentar uma luz intensa. Observou-se também que os fetos de catorze semanas se afastam rapidamente de uma agulha de punção de amniocentese, mesmo sem que a agulha os tivesse tocado, e como se pudessem tê-la 'visto'.

Emoções

As emoções não são algo que possamos 'ver' diretamente, mas podemos inferi-las a partir da linguagem corporal, das expressões faciais e de certas reações fisiológicas. Até há pouco, o mundo intrauterino estava além do alcance de nossos olhos, porém hoje já não é assim; agora podemos observar, com grande detalhe, muito do que acontece nesse espaço, através dos movimentos e as expressões do rosto dos não nascidos, e podemos interpretar o que acontece em seu mundo emocional.

Os movimentos nos embriões começam na quarta ou quinta semana depois da concepção. E aquilo que se pensou durante décadas que eram simples movimentos reflexos, ao observá-los com maior precisão, pode-se apreciar tal variedade e riqueza de movimentos, acompanhados de expressões faciais, as quais nos fazem supor que os movimentos intencionais começam muito antes do que se imaginava. Para citar apenas um exemplo, pode-se observar embriões com oito semanas, estirando-se do mesmo modo que o faria um adulto, jogando a cabeça para trás e depois esticando o dorso e os braços, tudo isso acompanhado de um prolongado bocejo. A partir da sexta ou sétima semana já são capazes de todo um repertório de gestos, tais como bocejos, franzir a sobrancelha, movimentos oculares, levar as mãos à boca, abrir e fechar a boca, tragar, etc., tudo isso feito de forma tão precisa e diferenciada que não deixa dúvidas de que são movimentos espontâneos e não apenas reflexos.

Descobriu-se recentemente também que os não nascidos sonham e o fazem relativamente cedo. Observaram-se movimentos oculares que acompanham a fase do sonho REM pela vigésima-primeira semana de gestação. E, acompanhando os sonhos, os não nascidos realizam toda uma série de movimentos sumamente expressivos, por exemplo, retorcer o torso, os braços e as pernas, com movimentos bruscos, enquanto franzem as sobrancelhas, os lábios, fazem caretas, etc. Tudo isso sugeriria um pesadelo. Em outras ocasiões, entretanto, o bebê sorri e faz movimentos lentos e suaves enquanto sonha, e isso o relacionaríamos com sonhos agradáveis.

Uma das situações que provoca uma das reações emocionais mais fortes dos não nascidos é a punção do teste de amniocentese. Esta punção se faz ao redor da décima-segunda ou terceira semana, com a finalidade de extrair um pouco do líquido amniótico com o objetivo de analisá-lo, a fim de detectar possíveis defeitos genéticos. Para isso, introduz-se uma agulha na cavidade uterina. As reações que isto produz nos bebês não nascidos variam, mas o resultado claro é de que nenhum bebê gosta que uma agulha penetre em seu espaço. Alguns reagem afastando-se o máximo possível e permanecendo imóveis, às vezes durante dias após o teste; os movimentos respiratórios que neste período ocupa bastante do tempo de exercício do ainda por nascer, são drasticamente reduzidos e a frequência cardíaca também se eleva ou diminui sensivelmente. Tudo isso sugere medo e estado de choque.

Outros bebês reagem a este teste de maneira completamente diferente, parecem incomodados e, por exemplo, golpeiam a agulha com força; inclusive sabe-se de um caso ou outro, em que o bebê chegou a segurar a agulha com força com a mão, com um grande susto e assombro dos médicos envolvidos.

Comportamento

O exemplo anterior é uma boa prova de como podem ser diferentes os comportamentos dos bebês no útero, comportamentos que nos informam sobre reações individuais e únicas diante de estímulos recebidos. De fato, a grande riqueza de observações que nos permitem as técnicas atuais de ultrassom, confirmam o que as mães sempre souberam, que cada bebê tem um comportamento individual e desenvolve sua resposta própria ao ambiente e aos estímulos que nele acontecem. Deste modo, o ritmo de atividade e descanso, de exercício e de sonho é diferente para cada um. Existe um caso na literatura médica, no qual se observou que um bebê passou a maior parte do tempo, durante a segunda metade da gestação, com a cabeça encostada na placenta, quer dizer, muito tempo de descanso. Entretanto, em outros casos, pode-se vê-los dedicando muito tempo ao exercício, à exploração, ao divertimento. A forma e medida de auto distribuição do tempo parecem diferentes para cada um.

Neste capítulo, merece menção especial a observação que se realizou, relativa ao comportamento de gêmeos no útero. A partir da sétima semana após a concepção, observam-se os primeiros toques e reações entre eles: breves contatos em direção a uma extremidade, o torso, a cabeça e o rosto que, rapidamente se tornam mais precisos e mais prolongados. A partir deste ponto, os contatos e as interações se tornam cada vez mais complexas e, poucas semanas depois, já se transformam em carícias, dão-se abraços, golpes ... empurrões e beijos!

A médica italiana Alessandra Piontelli contribuiu de maneira muito importante para a investigação deste assunto. Em seu livro 'Gêmeos: do feto à criança' e em outros de seus trabalhos, descreve em detalhe muitas de suas observações durante anos de estudos sobre gêmeos interagindo entre si no útero. Explica, por exemplo, que ao redor do quarto mês da gestação, um par de gêmeos foram observados, repetidamente, com frequentes interações; um deles era claramente mais agressivo e o outro, mais submisso. Quando o gêmeo dominante empurrava ou aplicava golpes, o outro se retirava e apoiava sua cabeça na placenta, como se estivesse procurando um lugar seguro e confortável. Após o nascimento, quando estes gêmeos tinham mais ou menos quatro anos, continuavam apresentando comportamento semelhante. Quando brigavam ou havia tensão entre eles, o mais passivo se retirava para seu quarto e colocava a cabeça sobre uma almofada.

Outro exemplo curioso que ela nos oferece é sobre os gêmeos Lucas e Alice: o irmão, mais ativo, era quem frequentemente contatava sua irmã, aproximava-se dela, passando suavemente a mão sobre o rosto dela; depois, os dois encostavam o rosto um no outro, acariciando-se suavemente, através da membrana extremamente fina e flexível do cório. Mais adiante, já com mais de um ano de idade, brincavam da mesma maneira, colocando-se cada um de um dos dois lados de uma cortina, deixando que seus rostos se acariciassem através dela, como se fosse através do cório.

Temos visto como, durante a gravidez, o não nascido desenvolve seus sentidos e como, graças a eles, percebe o ambiente ao qual reage, sentindo e expressando emoções e um comportamento claramente espontâneo e individualmente diverso. A seguir, iremos explorar se é tão inconsciente como se acreditava ou, pelo contrário, se é um ser consciente, com uma capacidade surpreendente desde o começo da própria vida.

Capítulo 6: Inteligência e consciência do bebê não nascido

Para podermos comparar o não nascido a um ser inteligente, examinaremos sua capacidade de aprender, algo que somente pode ocorrer quando existe uma inteligência e uma consciência que torne isto possível. Até há bem poucos anos, o pensamento de que os fetos e os embriões pudessem realizar qualquer tipo de aprendizagem no útero, pareceria algo pelo menos estranho, e certamente, para muitas pessoas isto poderia parecer até um sonho ou uma loucura. Entretanto hoje, cada vez estamos mais certos de que os não nascidos estão imersos em um processo de aprendizagem, desde os momentos mais iniciais da gestação. E, ao falar de aprendizagem, teremos que, necessariamente, falar de cérebro; vejamos, pois, rapidamente, como e quando isto começa a funcionar com o não nascido.

O desenvolvimento do cérebro

A partir da terceira semana após a concepção, aparecem os primeiros elementos básicos da medula espinhal e o cérebro. Na sexta semana já se pode detectar atividade elétrica mensurável; os neurônios se multiplicam rapidamente, chegando aproximadamente a cem mil milhões no final da gestação. Possuem uma forma muito característica, parecida com uma árvore, com um tronco longo, chamado axônio, e ramificações, chamadas dendritos. Os ramos se estendem na direção das células vizinhas, estabelecendo pontos de conexão, as sinapses. Esta comunicação entre neurônios entre si ou entre neurônios e outro tipo de células, como por exemplo, as musculares, realiza-se graças à intervenção de uma grande quantidade de substâncias denominadas neurotransmissores e que se armazenam em nódulos de neurônios. Cada neurônio pode ser composto de cinquenta mil neurotransmissores. Embora seja um sistema extremamente complexo, funciona com grande rapidez e eficácia. Os sinais se propagam através da rede nervosa quase imediatamente e chegam aos músculos, órgãos e demais partes do corpo no momento certo.

Pois bem, antes se duvidava de que estas terminações nervosas funcionassem eficazmente no embrião e no feto, devido principalmente a que o processo de mielinização, pelo qual as células são recobertas com uma capa de gordura isolante e protetora, não chega a completar-se durante a gestação; acreditava-se que este era um requisito imprescindível para a transmissão de informação entre os neurônios. Entretanto, nos últimos anos está se verificando que, na prática, este processo de mielinização acontece de forma gradual e também irregular, por todo o sistema nervoso, e não se completa totalmente até a puberdade, muito depois que o cérebro e o sistema nervoso tenham chegado a um desenvolvimento avançado. Por isso, parece que não é tão importante, como se pensava, para a transmissão de informações no sistema.

Por outro lado, hoje em dia o nosso conceito de cérebro e de seu funcionamento está se expandindo. O neurocirurgião australiano Richard Bergland define o cérebro como uma grande glândula que segrega hormônios, recebe hormônios que se produzem em outras partes do corpo, e está banhado em hormônios; daí o conceito de cérebro 'fluido'. São reveladoras também as investigações de Candace Pert sobre os neuropéptidos, cadeias de aminoácidos produzidos diretamente pelas células nervosas e que funcionam como moléculas que transmitem informação pelas diferentes partes do corpo. Ambas as investigações apontam para uma compreensão maior do processamento da informação, muito além dos neurônios e suas sinapses, na direção de centros receptores de neuropéptidos, localizados em todo o organismo. Nas palavras da própria Candace Pert: *"Não posso separar o cérebro do corpo"*. O cérebro é muito mais que os neurônios, de tal maneira que a inteligência, as lembranças e as emoções têm lugar no cérebro e em todo o corpo. Mesmo assim, Pert e seus colaboradores encontraram no tronco encefálico dos não nascidos grupos espessos de receptores de neuropéptidos em tal quantidade, que os levou a supor que, na realidade, o tronco encefálico é parte do sistema límbico, aquela parte do cérebro que se ocupa principalmente das emoções e da memória. Considerando que esta é uma das partes do cérebro que se forma em primeiro lugar no embrião, esta descoberta se constitui em uma explicação nova sobre a existência da memória no começo da gravidez.

Aprendizagem

Além das recentes descobertas sobre o cérebro e seu funcionamento, foi realizada uma grande quantidade de pesquisas, nas décadas passadas, sobre a capacidade de aprendizagem dos bebês, as quais apresentaram resultados surpreendentes.

Entre eles vale destacar as pesquisas levados a cabo por Peter Hepper, da Universidade de Queens, em Belfast. Durante muitos anos ele se dedicou ao estudo do desenvolvimento da aprendizagem e suas conclusões são que, os não nascidos realizam muitas e variadas aprendizagens no útero materno. Conforme suas observações os bebês podem aprender de maneiras diferentes, entre elas, mediante a descoberta, o hábito e o condicionamento.

Aprender pela descoberta é aprender a partir dos sucessos e estímulos casuais com os quais se depara o feto. Por exemplo, em sua exploração ao redor do útero, vai descobrir e interagir com o cordão umbilical, com a placenta, com o saco vitelino e até mesmo com a parede uterina e, por meio desses encontros vai aprendendo quais são os limites de seu espaço.

A aprendizagem pelo hábito implica o reconhecimento de alguma coisa experimentada anteriormente. Quando se recebe um estímulo pela primeira vez, isto provoca uma intensa reação de atenção ou interesse. Depois de várias vezes esta reação diminui, até que depois de um certo número de vezes, não provoca mais qualquer reação. Em experiências com não nascidos observou-se como um estímulo forte, digamos um som alto, ao ser repetido, provoca cada vez menos reação por parte do bebê, até chegar ao momento do hábito. Este é um processo adaptativo e um sinal de inteligência, porque neste mundo repleto de estímulos em que vivemos, não poderíamos sobreviver sem filtrar aquilo que merece ou não a nossa atenção.

A aprendizagem mediante o condicionamento tem a ver com a maneira pela qual a mente encontra relações entre fatos quando se constrói a imagem da realidade. O prêmio Nobel Ivan Pavlov, com suas pesquisas sobre o reflexo condicionado, no final do século XIX, foi talvez o primeiro a chamar a atenção sobre esta dinâmica. Em relação aos não nascidos, realizou-se uma experiência no final da década de 40, nos Estados Unidos. Nela, David Spelt ensinou bebês que estavam no sétimo mês de gestação, a responder a um som e à sensação de um ventilador; emitia-se um ruído forte batendo em uma caixa, de tal forma que provocava uma mudança de posição do feto no útero e, ao mesmo tempo, posicionava-se um ventilador junto à barriga da mãe. Depois de receber estímulos de forma associada, por uma porção de vezes, finalmente o feto aprende a mudar de posição, apenas sentindo o ventilador.

São também interessantes as experiências feitas com música e linguagem. Thomas Verny, em seu livro 'A vida secreta da criança, antes de nascer', conta a história de Boris Brott, diretor de orquestra em Ontário, o qual, quando jovem, notou que havia certas peças musicais que ele podia tocar sem as ter estudado e sem conhecê-las. Sabia as notas que viriam, antes de virar a página da partitura. Descobriu que sua mãe, que era violoncelista, havia estudado essas peças mais de uma vez, quando estava grávida dele.

O psicólogo e professor norte americano David Chamberlain, que desde os anos 70 havia se dedicado à pesquisa e entendimento da experiência na vida intrauterina, foi um dos pioneiros da psicologia pré-natal e perinatal. Em seu livro, 'A mente do bebê recém-nascido' relata uma experiência realizada pelos psicólogos Anthony De-Casper e Melanie Spence, da Universidade da Carolina do Norte. Eles solicitaram a um grupo de mulheres grávidas, que lessem um conto específico para seus filhos, duas vezes por dia, durante as últimas semanas da gestação. Alguns dias depois de terem nascido, deu-se-lhes a oportunidade de ouvir o conto que haviam escutado todo o tempo, mas também um outro, não conhecido. Colocaram nos bebês fones de ouvido e lhes deram uma chupeta especial que lhes permitia mudar o conto que escutavam, se sugadas mais depressa ou mais devagar. Dos doze recém-nascidos, dez mudaram o ritmo da sucção para escutar o conto que lhes era mais familiar. Isto sugere que obviamente eles se lembravam do conto, o reconheciam, o distinguiam do outro e o preferiam.

Em outro de seus livros, 'Windows to the womb' ('Janelas para o útero'), Chamberlain relata uma história contada pelo professor croata de linguística, Zrinka Babic, sobre uma menina croata que, aos sete meses de idade pronunciou claramente cinco palavras. Quatro das palavras eram em croata e a quinta era a palavra inglesa **box**. Esta última palavra, pronunciada de forma extremamente clara e com sotaque americano. Pensando em como teria sido possível que uma das primeiras palavras pronunciadas por sua filha fosse em inglês, a mãe encontrou a explicação. Durante sua gravidez, entre os meses seis e oito, havia trabalhado como professora particular de inglês, ensinando um menino um pouco retardado. Durante suas aulas ela repetia a mesma palavra, mais de uma vez: *"This is a box. A box. Is this a box? Yes, this is a box"*. A menina, no ventre de sua mãe, assistiu às mesmas aulas de inglês dadas ao menino, por sua mãe.

Outros tipos de memória

Ao tratarmos de aprendizagem estamos também falando sobre memória. Para que se produza qualquer aprendizagem é preciso haver uma memória que a torne possível, pois aprendemos com a experiência, na medida em que ela seja registrada. Até agora temos discutido a memória que é registrada e armazenada pelo cérebro e pelo sistema nervoso. Mas essa não é a única memória de que dispomos, nem é a única memória de que o feto e o embrião dispõem.

Existe outro tipo de memória que podemos chamar de memória celular. A teoria dos sistemas vivos desenvolvida no final dos anos 70 pelo biólogo norte-americano e pioneiro da 'ciência de sistemas',

James G. Miller, afirma que toda célula viva possui memória, como um de seus meios de processar informação. Tomamos conhecimento recentemente de investigações realizadas pelo doutor Paul Pearsall, médico e pesquisador norte-americano, que parecem confirmar o que Miller afirmou. O Dr. Pearsall estudou as mudanças produzidas em pessoas que foram submetidas ao transplante de algum órgão, sobretudo o coração. Em suas observações de muitos casos, descobriu que não era incomum verificar que a receptora do transplante logo começasse a sofrer mudanças em seus gostos, por exemplo, em alimentos, ou em suas preferências musicais, bem como em suas atitudes e caráter, por exemplo, uma pessoa tranquila poderia desenvolver um gênio vivaz e aborrecer-se com facilidade. O interessante em seu estudo é que ele constatou ainda que essas mudanças de personalidade coincidiam com as preferências do doador do órgão. Citando suas palavras: "Conforme estudos de pacientes que receberam órgãos transplantados, especialmente corações, não era raro descobrir que lembranças, comportamentos, preferências e hábitos associados ao doador eram transferidas ao recipiente".

Essas descobertas corroboram a existência de uma memória celular independente do cérebro e do sistema nervoso.

Aqui é oportuno citar também o Dr. Lang, psiquiatra inglês que, no final dos anos 70, escreveu em seu livro 'Los echos de la vida' ('Os fatos da vida'): "*O ambiente fica registrado desde o princípio da minha própria vida; por meio dessa primeira célula. Aquilo que acontece a este primeiro eu, pode se irradiar através de todas as gerações posteriores, a partir de nossas células progenitoras.* Esse primeiro 'eu' guarda todas as minhas memórias genéticas. *Parece-me pelo menos plausível, que toda a experiência no ciclo vital, desde a primeira célula, seja absorvida e armazenada desde o princípio, talvez especialmente no princípio*". O Dr. Lang e o Dr. F. Lake encabeçaram uma escola de psiquiatras ingleses que, já nos anos 70, se deram conta da importância daquilo que ocorre na etapa pré-natal. Afirmaram que as lembranças pré-natais são as que têm maior influência, devido ao fato de terem sido as primeiras. Lake afirma que as experiências mais formativas são aquelas que ocorrem na etapa pré-natal, especialmente durante o primeiro trimestre.

Desejamos também mencionar outro tipo de memória, a chamada memória extracorpórea. Temos pouco conhecimento dela, entretanto há dezenas de anos têm sido atestadas com frequência, incluindo numerosos testemunhos. Encontramos exemplares desta memória com as pessoas que passaram pela experiência de uma morte clínica e que foram depois reanimadas e devolvidas à vida. Há histórias abundantes de pessoas que, nesta circunstância, após estarem mortas clinicamente - quer dizer - sem nenhuma atividade cerebral mensurável - relataram experiências semelhantes: viram-se fora de seu próprio corpo, observando de cima a cena que ocorria no quarto do hospital. Podiam ver os esforços de reanimação por parte dos médicos, e também seus familiares e seres queridos, e suas reações. Tudo isso, sem estar propriamente relacionado ao seu corpo, sem nenhuma sensação física. Ao retornar à vida, podiam descrever, com todas as minúcias de detalhes, tudo que havia acontecido.

O Dr. Verny escreveu na 'A vida secreta da criança antes de nascer': *"As provas sobre um tipo de sistema de memória extra neurológica continuam a se acumular. O fato de que tenhamos tal faculdade é melhor corroborada por casos bem documentados de experiências próximas da morte (...) onde pessoas, as quais os médicos haviam declarado mortas, retornam à vida e contam cada detalhe do que lhes aconteceu no lugar onde se encontravam. Por esta razão, digo existirem dois sistemas separados, embora complementares, que participam de nossas faculdades de memória. O funcionamento de uma depende do estabelecimento das redes neurológicas maduras que fazem parte dos sistemas nervosos central e autônomo (...). Este sistema obedece às leis da física e da química. O outro é um sistema para-neurológico. Entretanto, não compreendemos ainda as leis que o regem (...) Acredito que, se aceitarmos este modelo bipolar de memória - pelo menos como uma hipótese para efeito de consideração - poderemos explicar não apenas a existência de lembranças pré-natais, bem como também o desenvolvimento no útero das predisposições para com determinadas atitudes, bem como vulnerabilidades".*

Consciência

Na verdade, em tudo o que se explorou nas etapas anteriores estávamos falando da consciência. O que é a consciência? Em que momento da vida ela se inicia? O feto está consciente? E o embrião? No início desse capítulo dizíamos que a compreensão do bebê não nascido que se tinha até há pouco tempo considerava-os seres insensíveis, sem consciência, vivendo em um limbo, do qual só começavam a sair algum tempo depois do nascimento. Inclusive, efetuavam-se intervenções cirúrgicas sem anestesia em recém-nascidos ou em bebês de poucos meses, pois se acreditava que não podiam sentir qualquer dor.

Entretanto, o que sabemos hoje desta etapa da vida, nos mostra quão longe da realidade era esse entendimento. Com tudo o que foi observado e continua sendo descoberto, não resta dúvida de que existe consciência no não nascido desde muito cedo, no processo da gestação. Inclusive desde o momento da própria concepção.

Nas experiências acumuladas durante as últimas décadas a respeito das lembranças intrauterinas apresentam-se dois diferentes tipos de informação: um deles tem a ver com as lembranças ligadas à experiência corporal e com uma consciência fetal. Por exemplo, impressões que descrevem mudanças dentro do espaço uterino, recordações auditivas ou impressões emocionais. A fonte da consciência fetal tem a ver com o corpo do não nascido e se apoia nas estruturas físicas do cérebro e do sistema nervoso central, bem como, possivelmente, em outras estruturas físicas como, por exemplo, os mensageiros bioquímicos.

O segundo tipo de informação sugere uma consciência amadurecida que transcende ou está separada do corpo do não nascido, como se fosse uma consciência transcendente que parece existir independentemente do corpo; as duas coexistem até certo ponto durante a gestação, a partir de um certo momento - as quais, de acordo com alguns autores, oscila entre o sexto ou sétimo mês de gravidez, até poucos dias depois do nascimento - convergindo em uma só.

A este respeito ainda, mencionamos novamente o Dr. Chamberlain, que durante dezenas de anos utilizou a hipnose no tratamento de seus pacientes. Através deste método ele reuniu uma enorme quantidade de material sobre as lembranças pré-natais. Durante duas investigações, ele contrastou as lembranças dos filhos com a informações recolhidas dos pais, e os resultados são fascinantes em sua precisão e detalhes, em relação àquilo que foi percebido desde os primeiros momentos depois da concepção. Como um exemplo, um dos casos relatados pelo Dr. Chamberlain, em seu livro 'Windows to the Womb' ('Janelas para o útero'):

"Jeannine é uma mulher casada que, graças a um prêmio ganho na loteria, passava uma semana de férias com sua família em um hotel da Califórnia. Ao chegar, tem uma sensação clara de já haver estado ali, conhece os caminhos que levam à praia, sabe como encontrar exatamente o caminho de volta até o seu bangalô, em meio ao labirinto de antigos bangalôs dentro das instalações do hotel, e há um velho camareiro que ela não pode deixar de olhar, pois sente como se o conhecesse há muito tempo. Ao retornar para casa, fala por telefone com sua mãe e ela a ouve tranquilamente, até que a filha menciona o nome do hotel onde havia acabado de se hospedar e, então a mãe, emocionada lhe diz: 'Mas este é o hotel onde o teu pai e eu estivemos em nossa lua-de-mel !'"

A mãe acrescentou ainda que fora ali onde ela fora concebida. Os pais não haviam tirado fotografias durante aquela viagem. E certamente ela não havia estado naquele local em nenhum outro momento de sua vida".

Uma lembrança extraordinária da etapa da concepção.

Pessoas como o Dr. Chamberlain, o Dr. William Emerson, e muitos outros médicos e psicólogos pioneiros da psicologia pré-natal e perinatal, dedicaram muitos anos de trabalho e pesquisa para ampliar a nossa compreensão e o entendimento sobre esta primeira etapa de nossa vida. De algum modo está ocorrendo uma mudança de paradigma em nossa compreensão de como começamos a existir, quando começamos a ser e, certamente, sobre quem somos nós. Somos seres conscientes desde o primeiro momento de nossa existência e o que acontece nesta primeira etapa é decisivo, pois é a etapa de formação por natureza.

SEGUNDA PARTE
PERSPECTIVA PSICOLÓGICA

"Há pouco tempo me dei conta de algo crucial:
toda a minha vida se organizou ao redor de uma ausência".

Sílvia Castro

Capítulo 7: Nossa vida se inicia com a concepção

Conforme vimos nos primeiros capítulos, tanto a experiência clínica como as pesquisas das últimas décadas nos mostram que desde o princípio de nossa vida, quer dizer, desde a concepção, percebemos e sentimos. Isto é relevante, porque precisamente nossas primeiras experiências de vida nos marcam muito - algo que, naquilo que a psicologia vem insistindo, desde Sigmund Freud - isto acontece não apenas nos primeiros anos da vida, mas, sem dúvida, antes de nosso nascimento. Uma criança que nasce já conta com um passado de nove meses e, sim, durante a gravidez aconteceram coisas significativas que deixam sua marca de maneira indelével.

Não deixa de nos surpreender a ignorância da sociedade moderna no tocante à primeira etapa de nossa vida. Isto se expressa até na maneira em que estabelecemos nossa idade, que começamos a contar a partir do dia do nascimento, ignorando os meses anteriores da gravidez. Um exemplo de como se pode proceder de modo diverso, encontramos na tradicional e milenar cultura chinesa, a qual persistiu até a revolução de Mao e que ainda hoje mantém uma grande influência. Nela, para determinar a idade de uma pessoa, se acrescenta sempre um ano aos que transcorreram desde seu nascimento, com a finalidade de levar-se em conta esta primeira etapa da vida.

Quais fatos, durante a gravidez, poderiam ser significativos? Algumas vivências importantes que deixam sua marca na criança durante esta etapa seriam, por exemplo:

•Que a mãe tenha perdido uma gravidez anterior, em datas recentes.

•Circunstâncias em que se produziu a concepção, por exemplo, se foi consequência de um estupro.

•Dificuldades intensas sobre a decisão materna entre o aborto ou a continuação da gravidez.

• Uma intenção de aborto.

• A rejeição da gravidez por parte da mãe, embora a mantenha até o final.

• Uma situação de ameaça contra a vida da mãe ou do filho.

• Quando a mãe sofreu violência física ou psicológica durante a gravidez.

• O abandono da mãe por parte do companheiro.

• O sofrimento da mãe causada pela morte de um parente próximo.

• Vivências traumáticas para um dos pais ou para ambos, como uma situação de desemprego, guerra, perda do país, etc.

• Uma gravidez múltipla, ao término da qual apenas nasce um dos dois irmãos, o que acontece em uma em cada dez gravidezes.

• Um parto difícil, no qual a vida da mãe e/ou do filho correu perigo.

Porém, sejam quais forem as circunstâncias e o que ocorreu nesta primeira etapa vital, a vida continua e cada um de nós vai somando experiências vitais. Pode acontecer que algumas dessas experiências pré-natais sejam reforçadas mais tarde por outras experiências semelhantes ou não. Mesmo assim, deixam uma impressão que pode ser um fator desencadeante dos chamados sentimentos básicos, quer dizer, sentimentos que nos acompanham de modo permanente durante nossa vida inteira. São como uma música de fundo à qual não prestamos muita atenção, mas que soa continuamente e nos influi de modo persistente. De uma forma metafórica, poderíamos dizer que os sentimentos básicos representam as cores dominantes de uma composição pictórica que, independentemente do conteúdo representado, determinam a impressão que nos causa.

Nossa vida se inicia com a concepção.

Porém não se trata apenas de sentimentos, mas também de certos pensamentos, crenças e formas de agir que são o resultado de conclusões e decisões de muito cedo e que desde então permanecem como que enterradas no inconsciente e continuam determinando nossa forma de conceber o mundo. É como se olhássemos a vida através de uns óculos que usamos permanentemente e que distorcem a nossa percepção, sem jamais nos darmos conta. Nossa visão nos parece a mais natural do mundo, embora não seja.

Alguns resultados dessas experiências pré-natais na pessoa afetada podem transformar-se em sentimentos básicos e crenças, tais como:

• Não tenho um lugar meu na vida.

• Sinto uma angústia permanente.

• Não deveria estar aqui.

• Ninguém me vê como realmente sou.

• Tenho que ter o direito de viver.

• Não existe segurança alguma; a qualquer momento, algo mal pode acontecer.

• Estou triste.

• Me sinto só.

• Me falta algo ou alguém.

• Eu sou culpado.

• Feri minha mãe e por isso não me atrevo a chegar-me muito próximo a ela.

Considerando que a pessoa adulta não tenha nenhuma lembrança consciente dos meses que passou no ventre da mãe, em geral não se pode atribuir esses sentimentos básicos e essas crenças antigas a nenhum acontecimento em particular. Além disso, isso pode causar confusão, porque faz a pessoa sentir que não compreende seus próprios sentimentos. Entretanto, aí estão, como resultado de experiências muito anteriores. A pesquisadora francesa Claude Imbert assim se expressa sobre este assunto: *"Inscrevem-se no embrião os pensamentos, as emoções e os comportamentos que aconteceram no momento em que foi concebido e nos instantes que o precedem, do mesmo modo que continuam a se repetir durante toda a vida".*

Nas últimas décadas está se desenvolvendo na psicologia a área de psicologia pré-natal e perinatal, a qual inclui esta primeira etapa da vida, principalmente para poder compreender e tratar as sequelas dessas experiências originais.

---

* Verificar os endereços das diversas associações que se dedicam ao tema, no anexo no fim do livro.

Capítulo 8: Vivências durante uma gravidez gemelar

Os gêmeos sempre nos fascinaram, tanto para as pessoas ao seu redor, como também para a ciência e a sociedade em geral, bastando verificar sua presença nos contos e mitos. Ao longo do período do século passado realizaram-se pesquisas específicas sobre o comportamento e o vínculo entre os gêmeos vivos. Hoje em dia, as técnicas de ecografia em quatro dimensões abrem uma janela para esta primeira etapa da vida, mostrando-nos bastante acerca do comportamento que os gêmeos têm entre si durante a gravidez. De igual modo, com a ajuda de exercícios utilizados no contexto terapêutico, induzindo as pessoas a entrar em estados regressivos, é possível retroceder até lembranças de muito cedo na própria vida, inclusive a etapa da gravidez e do parto. Tudo isso tem nos permitido alcançar uma compreensão maior da experiência dos gêmeos durante uma gravidez gemelar e do vínculo entre eles.

O relacionamento entre gêmeos é a relação mais estreita que existe no contexto do conhecimento humano. Em boa parcela dos gêmeos vivos, esta é uma experiência cotidiana - a sensação de possuir um vínculo muito especial com o outro, e a necessidade de manter este contato para sentir-se próximo. Esta relação está ligada ao tempo compartilhado durante a gravidez. Ao passo que para a grande maioria dos seres humanos a relação primeira é com a mãe, para os gêmeos a situação é diferente. Ao conviver no ventre materno, desenvolvem uma relação extremamente próxima entre si. Não é raro ouvir-se dizer, pela mãe de gêmeos de uns sete anos, soando até certo ponto como uma queixa: *"Dão a sensação de que não precisam de mim. Bastam-se um ao outro"*. Esta história ilustra quão importante é a relação entre eles e que a mãe vem depois, assumindo assim, em muitas situações, a posição do segundo vínculo, em importância.

Com bastante frequência, os gêmeos descrevem a relação intrauterina com seu gêmeo como uma vivência de união total: no contato com o outro sentem-se completos, as sensações dominantes são de amor e de felicidade compartilhada, e acontecem em um estado atemporal, o qual parece ter duração eterna. Predomina a sensação de 'nós' e não sobra lugar para um processo de individuação. As vivências de gêmeos e de gêmeos fraternos não variam de modo substancial. Suas palavras nos parecem, às vezes, uma descrição de paraíso, e assim se apresentam durante uma terapia. As lembranças deste período costumam ser de uma grande beleza e felicidade compartilhadas.

Nas ecografias em quatro dimensões, de gravidezes gemelares, pode-se observar as variadas interações durante a segunda metade da gravidez: tocam-se, reagem, golpeiam-se e se abraçam. E a cada interação, se fortalece ainda mais o vínculo entre eles. Na grande maioria delas observam-se relações vitais e amorosas, embora também se desenvolvam relações onde um é mais dominante e o outro mais passivo ou submisso.

O que vem a seguir, é o depoimento de uma médica, cujo marido também é médico:

"O menor de meus filhos é um gêmeo monozigótico e o irmão morreu no sexto mês da gravidez. Meu marido e eu pudemos observar, através do ultrassom, que as batidas do coração do pequeno, que estava morrendo, iam ficando cada vez mais fracas. O menino que hoje está vivo, tomou este irmão em seus braços e não o largou até que morreu. Depois foi para o outro lado. Ali permaneceu, muito tranquilo, durante muito tempo, quase não havia movimentos. Notava-se que estava vivo e são, mas, não se movia.

Vivenciava durante a gravidez gemelar durante meses, e tampouco crescia, de tal modo que acreditávamos que não poderia nascer vivo, considerando que também era muito leve. Depois, a gravidez se prolongou por quatro semanas além do término previsto e, nas últimas semanas aumentou de peso até alcançar o peso de nascimento completamente normal. A criança sobrevivente, na realidade, nunca mais se introduziu no espaço que antes era ocupado pelo irmão. Isto podia ser notado porque a gravidez já estava tão adiantada. O meu abdômen simplesmente aumentava de um lado só porque a criança sobrevivente não ocupava o lugar que o irmão havia ocupado anteriormente". *

Quando finalmente nascem, sua primeira preocupação é com o outro. Se rapidamente voltam a ficar juntos, quer dizer que tudo está em ordem, o que lhes dá, a ambos, uma sensação de tranquilidade e segurança. Por outro lado, se é necessário passarem dias ou semanas separados, por exemplo, necessitarem de incubadoras por terem nascido prematuramente, então podem experimentar uma ansiedade prolongada, a qual depois irá se instalar em seu sentir arcaico. Inclusive, pode levá-los a ter dificuldade para recuperar esta relação íntima. Diz-se de um 'movimento amoroso interrompido' entre eles, causado por esta angústia, que se renova sempre que passam por um contato próximo seguido de uma separação, mesmo que seja no contexto mais cotidiano. Com o propósito de não repetir esta sensação angustiosa, pode levá-los a evitar manter uma relação muito próxima entre si.

Embora nos países em desenvolvimento seja habitual mantê-los juntos desde o nascimento, em alguns do 'primeiro mundo' apenas recentemente se começa a introduzir incubadoras para gêmeos, a fim de que possam continuar juntos. Sem dúvida, isto os ajudará muito quanto ao seu bem-estar. Faz bastante tempo que apareceu na imprensa a seguinte notícia, cujo conteúdo fala por si mesmo:

"Após nove meses compartilhando o apartamento, Kyrie e Brielle tornaram-se inseparáveis. Assim que, quando as duas irmãs - que haviam nascido prematuramente, 12 semanas antes da data marcada - foram colocadas em incubadoras independentes, os problemas começaram. Enquanto Kyrie, a primeira e com mais peso, dormia placidamente, sua gêmea não conseguia engordar, padecia de transtornos cardiorrespiratórios e, ainda pior, não aceitava os carinhos de ninguém. Por sorte, a enfermeira da ala de prematuros experimentou a técnica do "berço duplo", juntando a dupla pela primeira vez, desde que compartilharam o seio materno. Ao aninhar-se sob a terna e segura proteção de sua irmã, a frágil Brielle se acalmou quase de imediato. A proximidade e o amor fraternal fizeram com que as irmãs Jackson deixassem o hospital até mais cedo do que previsto e foram levadas para casa onde dormem no mesmo berço".

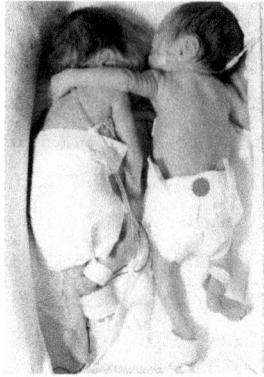

Bert Berlinger (2007): A fonte não precisa perguntar onde é o caminho. P. 66 f; Argentina: Editorial Alma Lepik.

Capítulo 9: A experiência pré-natal e perinatal de um gêmeo solitário

A vivência e os sentimentos básicos de um gêmeo solitário não são diferentes durante a primeira etapa da gravidez daquilo que foi descrito no capítulo anterior. Parece haver uma sensação de fusão com seu gêmeo e, neste estado de 'nós', sentem-se completos. Experimentam felicidade, amor e bem-estar extraordinários.

Quando acontece a morte de seu gêmeo, tudo muda.

Esta mudança ocorre quando percebe que o outro não está bem, que alguma coisa está acontecendo, que seu coração parou de crescer e bate mais debilmente. Como resultado, aumenta a sensação de preocupação, inquietação e alarme.

O momento em que seu gêmeo morre é dramático. Ele o presencia de muito perto e não consegue se afastar. Não compreende o que está acontecendo e, não poderia ser de outra maneira, pois não sabe o que significa 'morte'. É durante a infância que aprendemos sobre a morte, observando como morrem as plantas, um animal de estimação ou, talvez até a morte de algum dos avós ou um familiar mais próximo.

Como resultado da morte de seu gêmeo, o sobrevivente costuma reagir, sobretudo de duas maneiras:

Pode ser que sinta sua própria vida ameaçada e, em razão disso entra em um estado de pânico, o que o faz ficar muito inquieto durante o restante da gravidez, movendo-se muito. Quando finalmente nasce, está marcado por uma angústia mortal em seu corpo.

Mas também pode acontecer que permaneça em estado de choque e deixe de mover-se quase por completo, comparável a um estado de paralisia que se pode experimentar como consequência de uma situação traumática. Neste caso, prevalecem sensações de desolação, tristeza e abandono, e de não querer viver ou seguinte adiante.

Para nossa surpresa, comprovamos que estas fortes experiências acontecem na pessoa afetada, mesmo quando a morte do gêmeo ocorra durante o primeiro trimestre da gestação. Tudo indica que a gravidez do não nascido acontece em um estado atemporal, no qual não existe a noção de tempo, dado que uma afirmação como "morreu no início da gravidez, durante as oito semanas" é apenas uma conclusão a posteriori, dentro do contexto da consciência que o adulto possui, mas não no sentido da vivência em si.

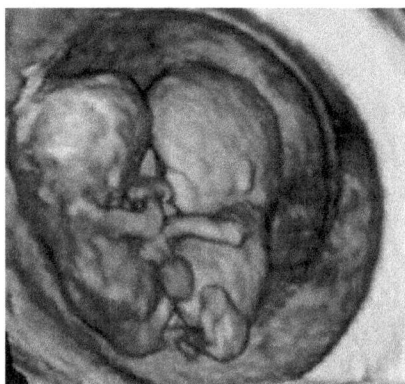

Ecografia de gêmeos entre as 12-14 semanas.

Há um segundo fator que incide, também de maneira bastante importante, na vivência do gêmeo sobrevivente é que, quando morre o gêmeo, seu corpo continua ali. Se a morte ocorrer durante os primeiros meses da gestação, normalmente é reabsorvido prontamente pelo útero ou pela placenta, sem deixar rastro e, neste caso a medicina o denomina de 'gêmeo evanescente'. Em uma gravidez mais avançada, este pequeno corpo permanece ali, e no parto pode aparecer como uma protuberância ou inclusive como um *feto papiraeceus*. Assim, o outro gêmeo convive com o cadáver de seu irmão durante um certo período. Algumas pessoas afetadas testemunharam sobre pesadelos repetitivos durante a infância. Esta vivência refletia-se de alguma maneira nestes sonhos, por exemplo, na forma de uma ameaça amorfa.

"Passo dias pensando sobre este sonho-pesadelo que tenho desde a infância, na esperança de visualizá-lo com mais clareza. Embora adulta, continuo tendo este pesadelo, mas de outra forma; ao ficar consciente dele, inclusive já dormindo, eu podia controlá-lo para que não continuasse... evitando essa sensação de angústia... por isso, o tenho menos presente, a fim de descrevê-lo em detalhe.

Apesar disso, ainda é um sonho, porém sem detalhe; trata-se de uma imagem; como se fosse uma mancha enorme, de cor cinza; tenho a sensação de que é redonda e meio ovalada... quase sem limites definidos, por causa do tamanho em que me aparece. Por vezes a tenho descrito como se fosse uma pedra enorme - para dar-lhe um nome - pois não sei se poderia mesmo compará-lo a uma pedra gigante.

E o sonho é apenas isso; essa enorme forma cinzenta que me angustia; como se eu me aproximasse dela cada vez mais e sentisse quão insignificante e indefesa eu me sinto diante dela..., mas não fica claro que ela vá me esmagar fisicamente.

Na verdade, trata-se mais de uma sensação de agonia. Eu sinto que estou ali, o pesadelo é meu, mas não consigo me distinguir, não tenho uma forma definida, sei que estou presente, relacionando-me com esta forma cinzenta que me aflige e me persegue... e então acordo, e me dou conta de que não passou de um sonho.

É sempre igual, o mesmo sonho desde que eu era bem pequena.

Isabel

Quando se aproxima o parto, pode acontecer que em alguns casos passe a data prevista sem que ocorra o nascimento. Nascem com atraso - às vezes depois de muitas semanas - como se lhes faltasse o impulso para sair e chegar ao mundo, coincidindo com seu estado de paralisação por causa da perda sofrida. Outros nascem de maneira normal, sem nada que chame maior atenção. Porém, todos têm em comum o fato de que nascem, carregando as impressões dessas experiências vividas; poder-se-ia dizer que se encontram numa espécie de estado de choque, por causa do ocorrido, o que os limita em sua nova etapa de vida.

Com frequência, ao nascer, encontram-se como que mergulhados em um poço de tristeza ou de medo, o que faz com que o amor dos pais não os alcance. Embora os pais recebam seu filho com toda a ilusão do mundo, é possível que o bebê necessite de um tempo para chegar a criar um vínculo com eles. Esta pode ser também a causa pela qual alguns bebês só se sintam tranquilos no contato corporal com sua mãe, ou outra pessoa que cuide deles, e que chorem muito durante as primeiras semanas, meses e até mesmo anos. Com o passar do tempo, pouco a pouco se acalmam e chegam a deixar para trás esta dolorosa experiência. Uma relação cálida e consistente com a mãe pode suavizar bastante a experiência da perda, embora não a apague de todo.

É possível que esta dificuldade de se vincular com a mãe depois do nascimento faça com que a relação entre eles se deteriore e que, a longo prazo, produza um sentimento de insegurança ou frustração na mãe, por não se sentir correspondida. Além desse fato, há casos em que a mãe tem suas outras dificuldades para ligar-se ao filho, motivadas por sua própria biografia. Se isso ocorrer, é provável que o filho se afaste ainda mais, na direção de um mundo solitário, ao qual ninguém tem acesso.

Resumindo o que foi exposto até este ponto, pode-se dizer que existem três etapas bem claras durante a gestação, a primeira marcada pela felicidade de estar junto ao gêmeo, a segunda pela experiência dramática de sua morte e a terceira, pela aflição de ficar só. Não importa qual das etapas durou mais e qual durou menos, estas são as três vivências fundamentais que qualificam um gêmeo solitário. Perderam a pessoa mais próxima e importante para eles e, embora cresçam e façam sua vida, levam consigo o que ocorreu no tempo anterior ao nascimento e isto os acompanha em toda parte. A partir deste momento, os sinais se enfraquecem ou se aprofundam, dependendo do que lhes aconteça daí em diante.

Capítulo 10: Quão confiáveis são as experiências regressivas?

A esta altura, queremos nos aprofundar um pouco mais sobre a veracidade das 'lembranças terapêuticas'. Com este termo referimonos às lembranças que a pessoa recupera de seu inconsciente, enquanto em estado regressivo, durante um contexto terapêutico, normalmente através da psicoterapia individual ou em grupo, ou algum tipo de trabalho psico-corporal. Na realidade, tratar-se-ia das lembranças e experiências que as pessoas têm de si próprias e de seu gêmeo, durante a etapa intrauterina.

Uma qualidade essencial do ser humano é a vontade de dar sentido à sua experiência. O que está acontecendo? O que significa? Porque aconteceu? E nesta vontade de dar sentido ao que nos ocorre durante a vida, balizamos como pontos de referência tanto as experiências individuais, quanto a informação recebida de outras pessoas ou de outras fontes, sejam a escola, livros, televisão ou internet, apenas para listar alguns exemplos. Esse conjunto de pessoas e coisas nos ajuda a 'construir' e dar sentido às vivências.

Como resultado, não nos surpreende que uma pessoa em estado regressivo, descreva suas experiências em termos que só possa ter adquirido posteriormente. Para dar um exemplo: sabemos que, a partir do segundo mês de gravidez, o feto começa a mover-se e a partir do terceiro mês o faz de forma controlada. Além disso, uma pessoa que conviveu com seu gêmeo durante as primeiras semanas da gravidez, pode ser que experimente e "se lembre" de como brincaram juntos e como se tocaram e abraçaram. Isto pode mesmo acontecer quando a morte do irmão aconteceu antes da gestação chegar ao terceiro mês. Obviamente, isso não é possível do ponto de vista objetivo, mas é coerente, aceitando-o como se fosse uma metáfora, utilizada para descobrir a qualidade da relação havida entre eles e as sensações e sentimentos em relação ao outro.

De certa maneira, lembra-nos o dilema de descobrir o sabor de um vinho. Diz-se, por exemplo, que um vinho... *"possui uma cor peculiar de cereja escura e brilhante, com intensos aromas similares ao caramelo e frutinhas maduras, acompanhados de um leve toque de especiarias, café e um laivo de madeira"*. Damo-nos conta disto? A única maneira de descrever a experiência do sabor do vinho é fazermos referência a outras experiências sensoriais que sirvam como metáfora.

Outro aspecto a levar em conta é a sinestesia, quer dizer, a confluência de nossos sentidos. Em neurofisiologia se denomina sinestesia à percepção conjunta, ou à conjunção de vários tipos de sensações de diferentes sentidos em um mesmo ato perceptivo. Um sinestésico pode, por exemplo, ver cores, ouvir sons e perceber sensações gustativas ao tocar um objeto com determinada textura. Não é que ele associe ou tenha a sensação de senti-lo: realmente o sente. Os diversos canais de percepção não estão claramente diferenciados. Oliver Sacks escreveu em seu livro 'Musicofilia' (p. 219): *"A sinestesia parece estar ligada a uma ativação cruzada, em um nível fora do comum, entre aquilo que, em todos nós, são zonas funcionalmente independentes do córtex cerebral, e tal ativação poderia estar baseada em um excesso anatômico de conexões neurais entre diferentes zonas do cérebro. Existem provas de que tal 'ultra conectividade' existe nos primatas e outros mamíferos durante o desenvolvimento do feto e quando são muito pequenos, mas fica reduzida ou 'mutilada' durante as primeiras semanas ou meses depois do parto. Não há estudos equivalentes relativos a bebês humanos, mas como observa Daphne Maurer, da NcMaster University, as observações da conduta dos bebês sugerem "que os sentidos dos recém-nascidos não estão bem diferenciados, mas que se misturam em uma confusão sinestésica"*.

Quem sabe, como escrevem Baron-Cohen e Harrison, *"todos somos sinestésicos de ouvido e cor, até que ocorre a perda das conexões entre estas zonas, mais ou menos aos três meses de idade"*. Isto explicaria como, através de um estímulo, por exemplo, da voz materna, alguém poderia ter uma experiência não apenas acústica, mas também visual e, daí as respectivas lembranças.

Quando se observam as crianças pequenas fica óbvio que apenas conhecem um tempo, melhor dito, um estado: o presente. A noção do passado, presente e futuro se desenvolve somente a partir de certa idade, aos cinco anos mais ou menos. A conversa seguinte entre uma mãe e seu filho pode servir de ilustração: *Filhinho;, amanhã é seu aniversário"*. E, ao final e uns poucos minutos: "Já é amanhã?". Este viver da criança totalmente no presente é certamente ainda mais absoluto durante a primeira etapa de nossa vida: a gestação. Durante esta fase vivemos em um estado atemporal, como se tudo o que ocorresse fosse o único que existisse.

Quando um adulto se questiona: "Mas se apenas fossem umas poucas semanas ou meses as que convivi com meu gêmeo, como pode isto ter um impacto tão forte? ", ele se esquece que da perspectiva do gêmeo não nascido, umas semanas são uma eternidade. Em sua vida não há nada mais que a experiência acumulada do presente. Isto explicaria a intensidade emocional das lembranças intrauterinas e sua capacidade de deixar impressão para o resto da vida.

E, ainda mais: Como pode alguém recordar os acontecimentos desde a concepção, quando, do ponto de vista neurobiológico se sabe que o córtex, a parte mais evoluída de nosso cérebro, requer 32 semanas de gestação para poder adquirir uma maturidade mínima necessária para o processamento de estímulos e o armazenamento da memória? Inclusive o sistema límbico, responsável pelas emoções e condutas de sobrevivência e envolvido de forma crucial nas lembranças, requer quatro semanas de gestação para ser parcialmente maduro e ficar completamente desenvolvido no terceiro trimestre da gravidez.

A resposta é que há diferentes formas de memória, tal como vimos no capítulo 'Inteligência e consciência do bebê não nascido'. Não somente temos o cérebro como sede de nossa memória mas também que existem pelo menos mais duas sedes. A primeira é a que chamamos a memória celular, pelo fato de que nossas experiências se gravam também nas células de nosso corpo. Utilizando uma analogia do mundo da informática poderíamos falar de um computador com dois discos rígidos diferentes: o cérebro e a memória celular.

E também existe um disco rígido de armazenamento de informação localizado fora de nosso corpo, uma memória extracorpórea. Já mencionamos anteriormente o Dr. Verny, que postula um sistema de memória extraneurológico. Queremos nos referir também ao que o psicanalista C. G. Jung chamou de inconsciente coletivo: um substrato comum aos seres humanos de todos os tempos e lugares do mundo, constituído por arquétipos com os que se expressam conteúdos da psique. Talvez não fosse errado entendê-lo como uma memória extracorpórea. Mesmo assim o conceito dos campos mórficos do biólogo inglês Rupert Sheldrake se aproxima desta compreensão. Seguindo com nossa analogia, este seria o lugar onde estão armazenados os conteúdos de internet: embora se possa acessar através do computador pessoal, não se encontram no disco rígido de cada um, mas fora dele, em um armazenamento coletivo.

Não obstante, somos conscientes de que tudo o que acabamos de expor são modelos de explicação *a posteriori*. O fenômeno da gravidade já existia antes que caísse uma maçã em cima de Issac Newton, inspirando-o a formular suas leis de gravidade. O certo é que num contexto terapêutico, e também às vezes fora dele, estas lembranças aparecem muito cedo. E segundo nossa experiência, é de grande ajuda paras as pessoas que as tomemos a sério.

Capítulo 11: A identidade compartilhada

Durante os nove meses da gravidez um bebê vive literalmente dentro de sua mãe, se nutre através de sua corrente sanguínea, está banhado em sua bioquímica e sente muito do que ela sente. Sua experiência se poderia resumir em 'estou em meu espaço dentro da mamãe'. Ao nascer, continua em um estado simbiótico com sua mãe, mas com os meses se inicia um processo de diferenciação: aprende a se perceber como um ser próprio e descobre seu pai como alguém diferente de sua mãe. A família nuclear se transforma em sua nova matriz na qual vive e que o envolve como antes no útero de sua mãe. Aparecem em sua vida as pessoas que habitam seu ambiente social, como os vizinhos, outras crianças, professores e companheiros de escola: interage com todos eles e se afirma cada vez mais em si mesmo. Sua consciência se expande. Com a puberdade aparece com toda sua força a diferenciação entre meninas e meninos e, em consequência, se identifica com seu próprio sexo. Este processo de individuação e autodefinição de um menino dura anos e culmina habitualmente pela primeira vez na adolescência, pois ali começa a deixar de se identificar com sua família e a ter seus próprios planos e ideia.

Pois bem, todo este processo de individuação ocorre em qualquer criança, tanto nos gêmeos como em gêmeos fraternos ou trigêmeos fraternos, mas para os gêmeos fraternos, gêmeos idênticos, e trigêmeos fraternos há um fator a mais. Para entender a sensação de 'eu' de uma criança que é gêmea nos serve de ajuda imaginar uma laranja cortada pela metade onde as duas partes representam dois gêmeos. Esta imagem deixa claro que somente se sentem completos quando estão com o outro. Em algumas culturas inclusive se diz que os gêmeos compartilham uma só alma. Em todo caso, se pode observar como dependem um do outro e como se relacionam entre si como dois polos que se chamam mutuamente.

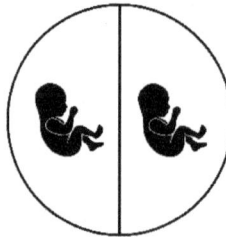

Sua percepção do 'eu' inclui o outro, como se entre ambos se formasse uma entidade. Predomina o 'nós' neles e esta sensação se acentua ainda mais quando se trata de gêmeos 'idênticos'- embora nunca o sejam totalmente – e as pessoas à sua volta não sabem distingui-los e os confundem entre si. Se além disto levam o mesmo corte de cabelo e a mesma roupa, nem mesmo isto os ajuda a se sentirem diferentes um do outro nem a serem reconhecidos como diferentes pelos demais.

Consequentemente, para eles o processo de individuação e de autodefinição não somente tem que ver com seus pais e seu entorno familiar senão também com seu gêmeo. Este processo é tão necessário como complexo e pode durar muitos anos, além da adolescência.

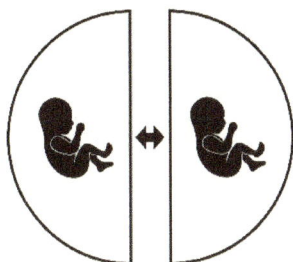

Quando conseguem, frequentemente mantém uma relação especial durante sua vida. Não é por acaso que se diz que a relação entre gêmeos é a relação mais estreita que os humanos conhecemos, e isto vale tanto para gêmeos idênticos quanto para gêmeos fraternos, embora não seja igual para todos.

Gostaríamos de ilustrar como um exemplo: em viagem pela América do Sul conhecemos duas gêmeas fraternas de cerca de 40 anos. Uma vivia em Bogotá e a outra, habitualmente em Nova Iorque. Uma era casada e mãe de dois filhos enquanto a outra convivia com seu marido e não tinha filhos. Quando uma delas falava de experiências da outra, falava como se tivesse vivido na primeira pessoa porque era assim que sentiam. Sabiam intuitivamente quando a outra passava por alguma situação. Contaram-nos como anedota que quando uma estava grávida; a outra a chamava de sua casa a milhares de quilômetros de distância, dizendo-lhe que estava cansada de sentir náuseas! A conexão tão forte que sentiam entre elas e que pudemos testemunhar de perto não é o mais habitual entre gêmeos mas existe frequentemente em maior ou menor medida.

Qual é a vivência de um gêmeo solitário?

Seu gêmeo não está presente, o que costuma lhe causar uma profunda sensação de vazio. Pode ser que tenha tudo em sua vida atual – companheiro, família, trabalho, casa – mas continua da mesma forma tendo a sensação de que algo ou alguém lhe falta; e como a grande maioria dos gêmeos solitários não sabem que tiveram um gêmeo, não se entendem a si mesmos, o que pode lhes causar muita confusão.

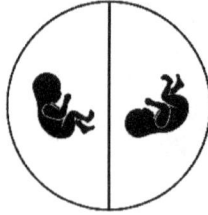

Em seu inconsciente, um gêmeo solitário continua se identificando com ambos, tanto consigo mesmo como com seu gêmeo. Temos podido observar que sua consciência salta de um lado para o outro: em um momento se sente com vida, com vontade e projetos em sua vida, e no momento seguinte cai em um desânimo em que tudo perde sentido e a vida lhe parece distante. E essas mudanças de disposição costumam ocorrer sem causa aparente; de alguma forma se poderia dizer que ocupa os dois lados simultaneamente.

Quando um dos gêmeos descobre o outro, pode entender melhor a si mesmo. Agora sabe que são duas pessoas e à medida que toma consciência disto pode 'desidentificar-se' de seu irmão e começar a identificar seus próprios sentimentos e estados de espírito. Quais são seus e quais pertencem a seu gêmeo? Quem está vivo e quem morreu? É então quando finalmente começa o processo de individuação entre ambos.

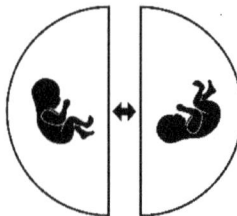

Este processo de individuação requer um tempo para o gêmeo solitário, habitualmente vários anos, porque a confusão da identidade compartilhada foi instalada nas bases de sua personalidade e se manifesta em múltiplas facetas. Mesmo que com o tempo um deles já tenha claro que é **um,** vai se surpreender ao ver que em certos momentos de sua vida sente, pensa e age por dois.

Capítulo 12: Trigêmeos e Quadrigêmeos Fraternos

Em continuação queremos desenvolver esta compreensão da identidade compartilhada para trigêmeos e quadrigêmeos fraternos. Como a dinâmica é parecida, seja três ou quatro, vamos ilustrar com o exemplo de trigêmeos. Se nascem vivos, seu desafio é parecido com o dos gêmeos idênticos: encontrarem eles mesmos num processo de individuação que abrange tanto seus pais e sua família como seus irmãos.

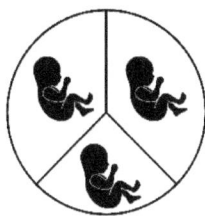

Quando nascia apenas um dos três, teve igualmente a experiência da primeira etapa da gravidez que normalmente consiste em uma felicidade e bem-estar extraordinário. Mas em continuação viveu duas vezes a experiência da perda. A primeira vez havia um trigêmeo vivo a seu lado e isto poderia dar-lhe ainda um certo conforto e tranquilidade: ao ocorrer pela segunda vez, a vivência resulta tão devastadora como é para um gêmeo solitário. Por esta razão, seu sentir e viver se parecem muito com o que foi explicado a respeito a um gêmeo, e também seu processo de individuação.

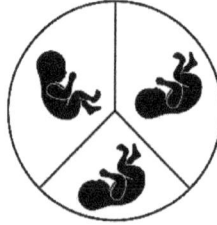

Se alguma diferença existe é que, enquanto dois formam um par, três ou quatro pessoas já são um grupo. Em consequência, em sua vida atual normalmente se sente mais à vontade, melhor dito, mais completo – em situações que incluam várias pessoas, pelo menos outras duas. A vida em dupla habitualmente não lhe é suficiente para preencher este vazio que seus dois irmãos deixaram ao morrer.

O que poucas pessoas sabem é que entre os gêmeos idênticos e os gêmeos fraternos vivos também pode existir a dinâmica do gêmeo solitário. Quase a metade das gravidezes que resultam em um parto de gêmeos, começaram com gravidezes múltiplas, normalmente de trigêmeos fraternos. Destes, um se perdeu no primeiro trimestre da gestação e os dois restantes chegaram a bom termo e nasceram como 'gêmeos', embora em realidade inicialmente tenham sido trigêmeos fraternos que tem um gêmeo fraterno vivo e outro morto.

Em seu inconsciente, este trigêmeo fraterno que morreu existe e ocupa parte de sua identidade. Os efeitos costumam parecer com os que sofre um gêmeo solitário, com uma sensação de vazio, tristeza, momentos de desânimo etc, ainda que o fato de que desta vez tem um trigêmeo fraterno vivo ao seu lado suaviza a experiência da perda. Pode ser que afete mais a um dos dois do que ao outro, talvez porque viveu mais próximo no útero materno. Temos visto dinâmicas entre gêmeos vivos em que foi justamente a vivência da morte de seu trigêmeo fraterno durante a gravidez o que caía como uma nuvem obscura sobre seu relacionamento, impedindo um contato próximo e fluido entre eles. Somente ao descobri-lo e reconhecê-lo, dando-lhe desta forma um lugar consciente e afetuoso, os dois trigêmeos fraternos sobreviventes conseguirão refazer sua relação. São três e, ao mesmo tempo, cada um é diferente. Queremos ilustrá-lo com o testemunho a seguir.

"Desde pequeno sempre tive a necessidade de ter uma irmã e este foi um pedido que eu fazia a meus pais constantemente. Ou seja, chegava a verbalizar este pedido.

Somos trigêmeos fraternos e um morreu, não tinha mais notícias sobre este fato até que saiu em uma constelação. Parecia ser uma menina. Eu também sinto assim. Até lhe deram um nome, Beatriz. Com meu irmão gêmeo fraterno, o que também está vivo, nunca tive uma relação muito estreita. Ainda que sempre tenha havido um carinho especial, mas sem palavras; ele é pouco expressivo. Desde os onze anos não voltamos a viver juntos".

JOSE

Uma gravidez múltipla de quatro ou mais irmãos é extremamente rara. Quadrigêmeos fraternos nascidos vivos viram notícia na imprensa por ser algo fora do comum. A concepção de quadrigêmeos fraternos é mais comum, embora desconheçamos estatísticas científicas que nos forneçam porcentagens exatas. No começo da utilização da técnica *in vitro*, na reprodução assistida, havia o costume de implantar três ou quatro óvulos fecundados no útero da mãe, mas depois de alguns anos generalizou-se a regra de implantar não mais do que dois, de modo a evitar gravidezes múltiplas.

De qualquer maneira, o processo relativo à identidade compartilhada para quadrigêmeos fraternos é parecido com o dos trigêmeos fraternos. O importante é poder dar um bom lugar a cada um dos irmãos, sem se identificar com eles.

Capítulo 13: Vestígios na psique

Neste capítulo vamos explorar, sob diversos ângulos, como o fato de ter perdido um gêmeo afeta e influi no irmão sobrevivente, nos diversos âmbitos da vida, e veremos os vestígios deixados em seu sentir, pensar e agir. Mais adiante, na terceira parte do livro iremos ilustrar e ampliar estes diferentes aspectos, graças a uma grande variedade de depoimentos.

a) Vestígios no sentir

Presenciar e viver de perto a morte de um gêmeo deixa vestígios profundos no sentir do irmão sobrevivente. Como resultado disso, desenvolvem-se nele alguns sentimentos básicos, fortemente arraigados, que formam a música de fundo de suas emoções e que influem na percepção de si mesmo e do ambiente durante toda sua vida.

A listagem a seguir é um resumo geral destes sentimentos, considerando que cada indivíduo é um ser único, e que as vivências pessoais podem diferir tanto nos aspectos concretos como no grau de intensidade com que são experimentados.

• É comum nos gêmeos solitários a sensação de vazio. Falta-lhe algo ou alguém e não sabem de que modo preencher este buraco negro em sua alma. Este vazio os acompanha, mesmo que a pessoa tenha, aparentemente tudo em sua vida, como um bom trabalho, companheira e filhos, uma bela casa, etc. *

• Consequentemente, sentem o desejo de algo que, em sua memória, assemelha-se a um estado completo e paradisíaco. Esta saudade de algo perdido, alguma coisa que não encontram nem no presente nem no futuro, os acompanha por toda parte, e pode causar-lhes uma sensação de descontentamento, sem causa aparente.

• Um sentimento de solidão lhes é inerente. Permaneceu somente ao perder a pessoa mais próxima que, por sua vez, também foi para ele seu primeiro relacionamento. Dependendo dos futuros acontecimentos de sua vida, sobretudo de como seja sua relação com a mãe durante os primeiros anos, este sentimento pode acentuar-se ou suavizar-se, mas não desaparecer.

• Existe uma melancolia ou tristeza de fundo que, embora possa ser perceptível apenas em tempos de felicidade em suas vidas, mantém-se presente e se faz presente de novo. Em algumas pessoas este sentimento pode assumir a forma de uma profunda tristeza beirando a depressão, ao passo que em outras cria um sentimento de uma doce melancolia, na qual quase se compraz. Sem se dar conta, possuem um sofrimento não resolvido causado pela morte de seu gêmeo.

• Muitos gêmeos solitários guardam um sentimento de culpa. Sua origem está no fato de que, quando foi sua vez, concluíram serem os culpados pela morte de seu gêmeo, o que, com o tempo transformou-se em um sentimento generalizado. Por esta razão, sentem-se culpados com muita facilidade, embora não saibam por que. Em algumas pessoas isso se manifesta mais ou menos como sentir-se responsável pelos outros. Como resultado, não sentem culpa propriamente, mas uma extraordinária responsabilidade pelo bem-estar de todas as pessoas.

RODAPÉ

Pelo que ouvimos dos participantes em nossas oficinas para gêmeos solitários, suspeitamos que quando alguém é gêmeo, sente como se lhe faltasse alguma coisa sua, como se houvesse um vazio em seu ser. Parece que a consciência intrauterina é percebida pelo gêmeo como se fosse um prolongamento de si mesmo. Esta seria a diferença principal em relação a uma gravidez de gêmeos fraternos, onde a percepção é de que lhes falta alguém.

• Em alguns gêmeos sobreviventes, desenvolve-se uma irritação. É a irritação natural de uma criança pela perda, a sensação de que "me deixaste sozinho e, por isso, estou muito irritado contigo!" As crianças habitualmente não passam por um processo dolorido, porém mergulham neste estado de irritação que, com o tempo, pode chegar a generalizar-se, ficando irritados com o ambiente ao seu redor e com a própria vida.

• Sentem que são diferentes. Dão-se conta de que algo aconteceu, de que seus sentimentos e pensamentos não estão de acordo com sua situação atual, e não entendem a si próprios. Isto os leva a pensar, inclusive, que são "aves raras". Assim como se expressou um participante de uma oficina: *Em minha infância, eu pensava que todos falavam chinês, apesar do fato de que eu falava japonês*.

Estes sentimentos básicos assemelham-se a velhos companheiros de viagem. Sempre estiveram presentes, desde a infância, agasalhados pelo gêmeo solitário, e é preciso andar muito e se esforçar com seriedade para despedir-se de alguns deles.

Naturalmente é preciso verificar também outros fatos que ocorrem na vida de uma pessoa e que, de acordo com nossa observação, só o fato de perder um gêmeo não tem o mesmo impacto em todas as pessoas; para alguns pode tornar-se um acontecimento central e dramático, que determina em grande medida como viverá sua vida, e que para outros, não tem essa mesma importância. Embora a nossa suspeita é de que para todos pode ter sido um acontecimento importante, não sabemos até agora, se a perda de um gêmeo que ocorra nos primeiros dias ou semanas da gravidez produz o mesmo impacto. E não nos cansamos de repetir que isto é apenas um capítulo de nossa biografia e que, dependendo do que venha a acontecer depois, este primeiro episódio se reafirma ou se suaviza.

Em relação a isso, a qualidade do relacionamento com a mãe é decisiva. Se o bebê é acolhido por uma mãe presente e calorosa, que atende às suas necessidades de modo consistente, isto certamente suavizará os sentimentos de solidão do recém-nascido. Se não for este o caso que o bebê encontra ao nascer, a mãe e o ambiente pouco acolhedor ao seu redor, sua experiência de abandono será novamente confirmada, com o que seus sentimentos de solidão, vazio e saudade serão também consideravelmente reforçados.

Pensando em termos dos sentimentos básicos, surge-nos a pergunta, se não poderia haver uma outra origem, e não a perda de um gêmeo. A resposta é sim, não resta dúvida. Sentimentos de solidão, culpa ou tristeza podem ser a consequência de uma variedade de acontecimentos que podem ocorrer na infância ou na adolescência e, para cada sentimento, encontrar outras possíveis origens. Entretanto, se o leitor se identifica com todos, ou quase todos estes sentimentos, existe uma grande possibilidade de que seja um gêmeo solitário. É a combinação dos vestígios psicológicos que temos descrito que aponta para esta origem.

b) Vestígios no pensar

O mundo da criança, desde seu início e nos seus primeiros anos de vida, é um mundo que gira ao redor de si mesmo. Está convencido de que tudo o que acontece, de algum modo tem a ver com ele mesmo, e isto o leva a se considerar como causa de tudo o que acontece ao seu redor. Se os pais discutem entre eles, acredita que "fiz alguma coisa errada e por causa disso eles estão brigando"; em realidade, não entendem o que seja uma discórdia matrimonial. Falta-lhe a experiência necessária que só os anos vividos irão trazer, para poder interpretar e compreender de maneira adequada os acontecimentos que o rodeiam.

O mesmo ocorre quando, durante uma gravidez gemelar, morre um irmão. O sobrevivente tenta entender o ocorrido, mas não o consegue; obviamente não adquiriu a experiência e os conceitos necessários para ter uma ideia correta. Como poderia saber que a constituição física de uma mulher é construída da maneira mais apropriada para uma gravidez singular e que a própria natureza, em 90% das gravidezes, sacrifica as gravidezes múltiplas, a fim de garantir que um bebê chegue a um final normal e nasça? Não pode saber. Mas, de algum modo, chega às suas respostas e conclusões e, embora elas acabem guardadas depois no inconsciente, nem por isso são menos poderosas.

Muitos dos gêmeos solitários acabaram aceitando explicações como:

- Não fiz o suficiente para mantê-lo comigo.
- Não lhe reservei espaço suficiente.
- Eu comi tudo.
- Foi-se embora porque eu fui mau.
- Eu deveria tê-lo salvo.

Se alguém escuta estas frases, fica patente tanto o seu egocentrismo quanto seu absurdo. Nenhum gêmeo pode provocar ou evitar a morte do outro! Entretanto, para a pessoa afetada isto parece ser a verdade e, no profundo de seu ser, sente assim, o que determina, até certo ponto, o caminho que irá escolher na vida. Wendy Anne McCarty o expressa da seguinte maneira: *"Nossas primeiras experiências estabelecem o padrão do que iremos acreditar como a realidade"*.

Em consequência, o gêmeo sobrevivente também desenvolve certas crenças a respeito de si próprio, o outro, e a vida. Estas são algumas delas:

- Eu sou culpado.
- Deveria ter morrido, em vez dele
- Não existe ninguém para mim.
- Vou perder todas as pessoas a quem eu quero bem.
- Não tenho o direito de continuar vivo.
- Tenho que ganhar a vida, esforçando-me em dobro, como duas pessoas.
- A vida só nos tira.
- Algo mal pode me acontecer a qualquer momento.
- Não suporto a vida.

Estas e outras crenças e convicções ficam ativas no inconsciente e, às vezes, até no consciente de um gêmeo solitário. Fazem parte do conjunto de "lentes" através das quais a gente se vê a si mesmo e ao mundo, e estabelecem nossa maneira de pensar. Como parte deste "roteiro natal", influenciam de modo determinante o seu "roteiro de vida", no que faz e deixa de fazer, em como se relaciona consigo mesmo, com os outros e como a vida como tal.

É importante mencionar aqui o conceito de "roteiro de vida". Desenvolvido pelo médico psiquiatra canadense Dr. Eric Berne, fundador e criador original da Análise Transacional. Eric Berne observou que todas as pessoas que ele acompanhava em seu processo de terapia psicológica, agiam de acordo com o que chamou de um "roteiro de vida", que é semelhante ao argumento pré-estabelecido de uma obra dramática, e que a pessoa se sente obrigada a representar, independentemente de ela se identificar ou não com o personagem. O Dr. Berne observou que, aos sete anos este roteiro está praticamente definido. A criança em geral, mesmo antes de sete anos de idade, precisa dar uma resposta inicial a perguntas como: Quem sou eu? Quem são os outros, e o que farei na vida? Responder a estas questões é uma necessidade psicológica para a sobrevivência. O que acontece é que, com estes primeiros dados obtidos, utilizados para responder a estas indagações, vão-se obtendo as primeiras vivências, sejam boas ou más. São vividas pelo gêmeo com os personagens da família, especialmente os pais, mas também com as outras figuras importantes, e em alguns casos, com o gêmeo. Este roteiro está baseado nas influências dos pais e nas experiências com outras pessoas, e as decisões que a criança vai tomando diante delas, a fim de sobreviver. Começa a se formar na época da gestação, de uma forma mais somática do que verbal. No caso de gêmeos solitários, a vivência de ter compartilhado com um irmão no ventre materno e, depois passar pela experiência da perda, é uma dessas experiências que contribuem, de forma determinante, para a construção do seu roteiro de vida.

Como parte deste roteiro, o *Rebirthing* ou Renascimento, contempla o roteiro natal, gerado durante o período que abrange a gestação, partindo da concepção, anterior à fecundação, até o parto, e inclui os primeiros meses do bebê já nascido. Já no útero, a criança que virá está formando seu corpo, está em contato íntimo com a mãe e com a influência do ambiente emocional e psicológico que o rodeia. Quando, durante esta primeira etapa da vida, ocorrem experiências traumáticas ou dolorosas, este método terapêutico pode representar uma grande ajuda em acessá-las, liberá-las e recuperar a saúde.

A seguir, veremos de que maneira estes vestígios influenciam o sentir e o pensar do gêmeo solitário, durante sua vida.

c) Vestígios no agir

Desde pequeno, um gêmeo solitário sente que alguém ou algo lhe falta, o que o faz sentir-se só, embora cercado por sua família. De forma paradoxal, poder-se-ia dizer que está acompanhado pela solidão. Desde criança, retira-se de forma intermitente para um mundo próprio, diferente daquele ao qual os demais têm acesso. Pode ser que tenha um amigo ou amiga invisível, uma boneca, uma almofada ou um cobertor que seja de suma importância para ele e do qual é inseparável. Nas revistas de Charlie Brown há um personagem chamado Linus. Já te perguntaste alguma vez por que tem tanto apego ao seu cobertor.

E essa solidão talvez o faça pedir a seus pais que deseja ter um outro irmão ou, às vezes, desenvolver um relacionamento especialmente próximo e unido com um irmão, com o qual exista pouca diferença de idade. Pode ser que tenha um interesse especial e atração por gêmeos e, quem sabe, desejaria ser um deles ou ter filhos gêmeos mais velhos.

Em geral, não tem muitos amigos, preferindo os relacionamentos profundos ao invés dos superficiais. Sente-se mais à vontade no relacionamento a dois do que em grupos maiores no ambiente social, como uma festa ou reunião de um determinado tamanho; é mais provável encontrá-los sentados em um canto, falando particularmente com uma pessoa. É frequente que tenha **um** amigo ou **uma** amiga particular, com o qual compartilham uma relação próxima e íntima. Esta tendência pode prolongar-se durante a vida inteira e se, com o passar dos anos esta amizade acaba, sofrem muitíssimo. No entanto, mais tarde, aparecerá outra, da mesma índole.

Muitos gêmeos sobreviventes se acham facilmente culpados de tudo, sem entender a causa. Ficou em seu inconsciente a ideia de não ter podido salvar seu irmão querido ou, inclusive, de ter causado sua morte. Sentem o que, em psicologia, se denomina de "culpa do sobrevivente". Observou-se este fenômeno em pessoas que sobreviveram a perigos extremos, durante os quais outras pessoas morreram - como, por exemplo, um acidente aéreo, um campo de concentração ou um tsunami - e, em consequência sentem-se culpados pelo fato de continuarem vivos. Embora quem sobreviveu ou quem morreu seja resultado da mais puro acaso, vêem nisto uma injustiça: *"Eu deveria ter morrido no lugar do outro"* é um pensamento recorrente nestas pessoas. No caso de gêmeos solitários, embora não estejam conscientes disso, pode ser que o sintam no mais profundo de seu ser.

Por essa razão, alguns buscam a morte inconscientemente, o que pode manifestar-se em uma tendência depressiva, um processo de anorexia ou, inclusive, suicídio. Entretanto, de acordo com a nossa experiência, este impulso é causado não apenas pelo fato de ser um gêmeo solitário, como também por um acúmulo de outras causas.

Nestas pessoas, é como 'chovesse no molhado' , ou seja, costuma haver outros acontecimentos graves durante a infância, que foram igualmente sérios. Esta tendência pode ser potencializada ainda por certas outras dinâmicas que ultrapassam gerações e pode também influir, como por exemplo, o destino trágico de outros familiares que perderam a vida.

Em relação à morte, podem ser observadas duas atitudes opostas: algumas pessoas têm uma compreensão inata sobre ela, a reconhecem como uma velha conhecida e, em absoluto não lhe mete medo, embora a respeitem; isto gera neles uma capacidade especial de acompanhar pessoas que estejam morrendo ou que estejam de luto.

Outros, pelo contrário, sentem uma grande angústia com tudo o que se relaciona com a morte. Continuam sob a impressão causada pela morte de um gêmeo, o que lhes produz uma angústia mortal, como se o irmão o pudesse arrastar com ele. Esta angústia continua ativa, embora o acontecimento tenha ocorrido há muito tempo atrás e, como resultado, temem a morte, o que lhes torna difícil acompanhar um ser querido em sua etapa final ou assistir a um funeral. Vivenciar a morte de um animal de estimação, por exemplo, pode tornar-se uma experiência devastadora para eles.

Em geral, têm muita dificuldade com despedidas e uma perda lhes parece intolerável. Qualquer perda, seja o fim de uma amizade, a mudança de um lugar para outro ou a morte de um gato, pode infligir-lhes um sofrimento que os machuca durante muito tempo. No entanto, algumas pessoas desenvolvem um certo mecanismo de não associação para enfrentar essas perdas, que consiste em não olhar para trás e 'se esquecer' rapidamente do que aconteceu. Deste modo, evitam a dor e não a sentem, porque 'já passou'.

Como sentem um vazio - esta sensação constante em seu interior, a ausência de algo ou de alguém - pode ser que levem uma vida de busca, no sentido de encontrar o que lhes falta e assim, afinal, preencher esta lacuna. É um desejo infatigável! Este tipo de busca pode manifestar-se de diferentes maneiras: viajar pelo mundo inteiro, imergir em uma busca espiritual, querer encontrar um companheiro ideal ou sua "alma gêmea", etc.

Estamos convencidos de que o mito de almas gêmeas, tão popular em certos círculos espirituais e esotéricos, não é nada mais do que uma projeção do desejo de reencontrar-se com seu gêmeo de verdade, este gêmeo que morreu durante a gravidez. Daí nasceu o mito que segue fascinando as pessoas, pois promete que esta ilusão se realizará no futuro, de sentir-se completo novamente, de volta ao paraíso experimentado no começo da vida.

Muitos, embora não todos, duplicam certos objetos, comprando a miúde um par de objetos iguais, sem justificava aparente. Vão às compras com a intenção de adquirir uma camisa e voltam com duas iguais ou, no mínimo, de cores diferentes. O mesmo pode ocorrer com a roupa em geral, e até com a decoração da casa, ostensivamente simétrica ou duplicada.

Ou, ao contrário, ficam com a metade, permitindo-se receber a metade, comendo, por exemplo, apenas a metade de sua comida. Igualmente frequente é o hábito de cozinhar sempre uma porção a mais, como se esperassem mais uma pessoa na hora da refeição. Lembramo-nos da história que nos contaram duas gêmeas solitárias. A cada manhã uma preparava duas xícaras de café, embora só bebesse uma; a outra comprava sempre dois pãezinhos, embora comesse um só. A conduta parecia-lhes irracional, mas, continuavam a proceder assim, não podiam fazê-lo de outro modo.

Outro vestígio comum é a do gêmeo sobrevivente sentir a vida imersa em uma confusão, por não saber ao certo quem dos dois (ou três) ele é: se o vivo ou o morto. Como adulto, pode ser que se sinta um tanto distante de seus entes queridos, de seu ambiente e da própria vida. É como se tivesse um pé na vida e outro em outro lugar longe que, embora ele não o saiba, é junto a seu gêmeo morto. Falando metaforicamente, poder-se-ia dizer que o gêmeo vivo não quer abandonar seu irmão morto, e em sua alma, continua a amá-lo e a acompanhá-lo. Isto pode ter como resultado mudanças abruptas de ânimo, sem causa aparente e, pode acontecer, sentir-se inclinado a cair em um estado repentino de depressão. É como se tivessem desligados um do outro. De súbito, parece que a vida já não tem mais sentido e apenas encontra força suficiente para continuar com seus projetos. Depois, recomeça, e se sente vigoroso e disposto, até que venha a desanimar mais uma vez.

Com relação à vida de trabalho, a miúde trabalhando por dois (ou três), embora isto não signifique alegrar-se com o resultado que, para muitos deles, não é mais que passageiro, como algo que se ganha e se perde. No fundo, em seu inconsciente, provavelmente exista o impulso de ter que merecer o direito de viver ou, quem sabe, se imagina com vontade de viver duplamente. Tampouco, não é incomum que tenham duas profissões, duas carreiras ou dois trabalhos ao mesmo tempo.

Uma percentagem significativa de gêmeos sobreviventes trabalha em profissões de assistência ao próximo, o que certamente atende a dois motivos: por um lado, tem a ver com a vontade de salvar o outro, coisa que, como expressamos no capítulo anterior, é motivado pelo seu roteiro natal - o impulso de fazer o que não conseguiu fazer na cena original. Por outro lado, muitos gêmeos solitários são possuidos por uma grande capacidade empática, muito útil nas profissões de ajuda. Para eles, é mais fácil poder captar as necessidades alheias do que dar-se conta de suas próprias. Queremos ilustrar isso com um esquete: dois gêmeos solitários se encontram e um saúda o outro com as seguintes palavras: *"Tu estás bem. E eu, como estou?"*

Se observarmos a família que constituem, o certo é que entre eles, comparados com a média, há um número de pessoas significativamente menor com filhos próprios, sejam quais forem as razões, num primeiro plano. De acordo com nosso entendimento, uma razão é que, em algumas delas o assunto da gravidez está vinculado à experiência de morte, o que lhes causa grande angústia, razão pela qual inconscientemente evitam a gravidez. Embora, às vezes, tenham tanta vontade de ser pais que lhes parece uma questão de vida ou morte, ou seja que a vida para eles não faz sentido se não puderem ter um filho seu. Nestas pessoas, juntou-se o desejo de ser pais com a vontade de recuperar seu gêmeo.

Sendo pais, podem desenvolver um vínculo especial com um de seus filhos, com o qual sentem uma proximidade e união que reflete a relação que tiveram com seu gêmeo; é difícil para eles diferenciar isto do ponto de vista emocional. Seu filho têm que, inconscientemente, representar o gêmeo e preencher o vazio que este deixou, o que se manifesta na relação muito próxima com o pai e a mãe. Inclusive, chegar ao ponto de fazer com que o filho desenvolva sintomas parecidos com os de um gêmeo solitário, mesmo não sendo.

Em outros casos, em vez de ter filhos, adotam um animal de estimação que mantém por perto como, por exemplo, um cachorrinho que gostam de colocar no colo ou segurar nos braços, desfrutando de seu contato corporal. Obviamente, para eles, o animal de estimação é algo (ou alguém) mais do que um animal de estimação.

Com tudo o que está descrito acima, não é de admirar que um gêmeo solitário se sinta diferente dos demais - o que não quer dizer ser melhor que os outros, porém, mais como um animal raro - e tenha a sensação de que ninguém pode compreendê-lo, pois ele mesmo não consegue entender a si próprio.

Na terceira parte do livro, dedicada a depoimentos, são mostradas muitas facetas, nas quais o fato de ter vivido com um gêmeo e tê-lo perdido mais tarde, deixou nele vestígios na psique.

Capítulo 14: O casal como espelho

Os gêmeos compartilham a relação mais próxima que conhecemos, não havendo outra igual. Embora não chegue a ser tão conectada e próxima, a relação de um casal, entre as outras relações humanas, é a mais parecida com a relação entre gêmeos. Entre o casal, cada um vive de modo similar ao da outra pessoa, sendo dois compartilhando o espaço privado bem como o tempo; no encontro íntimo eliminam-se as fronteiras entre um e o outro. Por esta razão, é no campo do casal onde se manifestam, sobretudo, todos os desejos e medos de um gêmeo solitário.

Até certo ponto, podemos separar os seres humanos em dois grupos: não gêmeos e gêmeos. Quando mencionamos gêmeos, referimo-nos, de igual modo, a gêmeos, trigêmeos e quadrigêmeos fraternos. O primeiro grupo representa a grande maioria, uns 85-90% da população. O segundo grupo é minoria, embora importante, em termos de números absolutos. Uma décima parte da população da Espanha significa mais de quatro milhões de pessoas. E porque estamos fazendo esta distinção? Porque cada grupo tem seu modelo de relacionar-se com as outras pessoas, especialmente com o companheiro, e estes modelos gerais são o resultado destes primeiros acontecimentos, da etapa pré-natal.

Para um não gêmeo, a experiência pode ser descrita do seguinte modo: 'Aqui estou, no meu espaço'. Foi concebido sozinho no ventre de sua mãe, onde cresceu durante nove meses e, quando finalmente nasce, seu primeiro relacionamento é com a mãe.

Para um gêmeo a experiência é bem diferente: 'estamos em nosso espaço'. Foi concebido juntamente com seu irmão, ambos convivem e crescem, um ao lado do outro, em contato próximo e permanente. Quando nascem, encontram-se com sua mãe.

Qual é a diferença entre estes dois modelos de relacionamento? Um não gêmeo tem uma maneira de se relacionar que poderia ser comparada ao movimento das marés: 'agora estou contigo, agora me recolho a mim mesmo'. Move-se constantemente, alternando-se entre o contato e o recolhimento; mas, seu ponto de partida é um só: 'eu'.

O modelo da relação de um gêmeo é: 'Ao mesmo tempo em que eu estou contigo, estou comigo.' Relaciona-se com seu entorno, com menos necessidade de se distanciar. Um gêmeo sente-se confortável nas relações de proximidade, pessoais e profundas; define-se melhor como 'nós' do que como 'eu'.

É claro que estamos conscientes de que o acima exposto é uma generalização que não leva em conta tudo o que ocorre posteriormente na vida de uma criança, seja ela gêmea ou não, e que isso irá influir de modo semelhante no estilo de relacionamento. Por exemplo, há pessoas que vivem um relacionamento de dependência uma da outra, onde prevalece o 'nós', embora não se trate de gêmeos. Assim, também existem gêmeos cujo caminho os levou a uma individualidade forte e marcante, embora seja interessante observar esta diferença fundamental na forma de se relacionar.

Quando um casal é formado por duas pessoas, com diferentes modelos de relacionamento, as dificuldades que resultam disso são óbvias. Quando o que não é gêmeo retira-se em seu movimento cíclico para voltar ao seu espaço próprio, o outro - o gêmeo - comumente não sente esta necessidade, ao contrário, costuma atribuir menor valor ao contato e à proximidade.

Como vive um gêmeo solitário? Relaciona-se de modo diverso ao de uma pessoa sem parceiro ou a um gêmeo, e isto pode manifestar-se de duas maneiras bem diferentes, aparentemente opostas, embora não deixem de ser duas faces da mesma moeda.

Uma possibilidade é a de que fuja de qualquer relação íntima por lhe criar pânico. Tem receio de passar outra vez pela perda de um ente querido, e sente que não poderia suportá-lo uma segunda vez, que seria o fim. Este medo pode levá-lo a tal extremo que evite qualquer relacionamento duplo. Outra possibilidade é a de que não se atreve a amar porque traz em seu íntimo um profundo temor inconsciente de que seu gêmeo o arrastará consigo até à morte, e este temor é renovado pela intimidade com outra pessoa. Em ambos os casos é difícil entregar-se de verdade a qualquer relação amorosa mais adiante em sua vida. Sente que precisa manter uma certa distância para segurança do companheiro, embora não entenda porque.

Esta dificuldade pode ter nele o efeito de fomentar apenas as relações que, vistas de fora, não têm futuro, porque a pessoa em questão já está comprometida, ou vive longe, ou está realmente indisponível. Poder-se-ia dizer que qualquer nova relação tem data de validade inerentemente vencida, o que acaba em uma sucessão de relacionamentos breves. Embora, por um lado, esta situação seja frustrante e dolorosa, por outro lado, proporciona esta distância de segurança que é uma necessidade imperiosa para ele.

A outra face da moeda, é que procure uma relação de parceria, próxima e profunda, pois as que são superficiais não lhe interessam, e inclui com frequência a necessidade de bastante contato corporal. Assim, revive seu primeiro modelo de relacionamento. Passada a fase de namoro, durante a qual deseja passar a maior parte do tempo com o outro e estar o mais próximo possível, é difícil para as pessoas que não são gêmeas manterem essa proximidade contínua, porque precisam de mais espaço próprio, sentirem-se elas mesmas. Entretanto, o gêmeo solitário sofre a cada vez a retirada cíclica de seu companheiro como se fosse um abandono, pois está ligada à grande ferida da perda de seu irmão. Aqui, a diferença entre o modelo de relacionamento entre ambos os faz repetir tanto o fluxo entre contato e retirada de maneira muito diferente, que pode levá-los a um conflito permanente e, em última instância, à ruptura.

Este tipo de gêmeo solitário se agarra ao parceiro com medo de perder seu ente querido mais uma vez. Procura uma relação de fusão e permanência, podendo inclusive desenvolver fortes ciúmes e uma necessidade de controlar o outro, com o objetivo de evitar perder novamente a pessoa mais querida. Se, em razão dessa conduta, o companheiro se sente angustiado e finalmente, desiste, relaciona isso, mais uma vez, com sua vivência inicial de perda, o que reconfirma o seu roteiro de vida. Para ele, é uma catástrofe que o faz sofrer muitíssimo. Temos também observado como este agarrar-se a uma relação pode ir até o extremo de perpetuar uma relação dupla já morta há tempo, às vezes por vários anos, provocado pela incapacidade de se separar e dizer adeus.

No caso em que o sobrevivente seja um gêmeo fraterno que perdeu sua outra metade, frequentemente desenvolve tanto o lado masculino quanto o feminino em seu caráter, e até mesmo o contrário, o que se pode ser entendido como a intenção inconsciente de incluir o irmão perdido. Há pessoas em que essa intenção pode levá-las à bissexualidade, ou ao extremo de identificar-se mais com o sexo oposto.

Em relação às pessoas que adotam um relacionamento com uma terceira pessoa, fora de sua dupla ou de seu casamento, observamos que, em certos casos, os gêmeos solitários viveram relacionamentos triangulares com uma amante, ou vão ao extremo de viver uma vida dupla, com a solução de dois casais e duas famílias paralelas. Nestes casos, nos surge a pergunta: se a terceira pessoa em questão representa, de algum modo, o gêmeo perdido, sem o qual o outro não se sente completo. Assim como, pode haver a intenção de viver a vida de dois: a própria e a vida de seu gêmeo. Outra hipótese, seria que se trata de um trigêmeo fraterno sobrevivente que, inconscientemente estabelece duas relações íntimas, a fim de reviver o modelo original de relacionamento, que marcou a etapa de sua gestação.

Entretanto, é óbvio que o fenômeno da infidelidade e de relacionamentos fora do matrimônio não ficam limitados aos gêmeos solitários, mas é bastante comum entre eles e, além disso, podendo resultar também de fortes influências sociais e culturais que, dependendo do país, fazem com que um casal estável e fiel seja a exceção, ou pareça uma exceção ao invés da regra. Neste sentido, não queremos atribuir tudo como resultante da condição de gêmeo solitário, mas apenas sugerir que isto poderia ser um elemento, entre outros, que leva algumas pessoas a viver este tipo de relacionamento.

Capítulo 15: A morte de um gêmeo durante ou depois do parto

Quando ambos os gêmeos vão nascer, e um deles morre durante o parto ou nas primeiras semanas depois, o efeito para o irmão sobrevivente é praticamente o mesmo de quando um gêmeo perde o irmão durante a gravidez. O sobrevivente converte-se, de igual maneira, em gêmeo solitário. O fato de haver compartilhado mais tempo juntos os levou a ter uma relação profunda e consolidada, o que deixa, sem dúvida, uma forte marca, igual à perda posterior de seu irmão.

Esta morte pode ocorrer em diferentes momentos: pouco antes do parto, durante o parto ou em algum tempo posterior. No caso em que não haja presenciado muito de perto a morte de seu gêmeo no ventre materno ou no berço, então não deixará o vestígio que causa essa vivência dramática, como acontece com a maioria dos gêmeos solitários. De modo geral, não conhece a angústia mortal que pode ocorrer ao presenciar este acontecimento; e, tampouco tem uma compreensão inata da morte, como ocorre com algumas pessoas que perderam seu gêmeo durante a gravidez. O invés disso, costuma sentir uma grande aflição pelo desaparecimento repentino de seu gêmeo o que, com o tempo, pode transformar-se em uma sensação de que a própria vida é um lugar inseguro.

Por outro lado, seus pais sabem que houve um parto de gêmeos, que foram dois. Esta informação está presente desde o primeiro momento e facilita a sua compreensão posterior. É diferente de um gêmeo que se perde durante a gravidez e da qual os pais não têm consciência, neste caso o sabem. Em geral, já de sobreaviso por meio das ecografias, que na Espanha são normais desde os anos 70, se acostumaram ao fato de ter dois filhos e, consequentemente, criaram um vínculo de afeto com os dois. Ao perder um deles, passam por processos paralelos entre si: por um lado, a mãe e o pai se alegram pelo recém-nascido e, por outro, ficam de luto, pela dor de perder um filho. Em se tratando de perda antes ou durante o parto, para o pai pode ser diferente, e talvez até menos intenso, pois não viveu a gravidez em seu próprio corpo. Se a morte ocorrer dias ou meses depois, é afetado da mesma maneira que a mãe.

Sabemos que tanto um não nascido bem como um bebê, passam por um tempo difícil quando está presente a dor pela morte de um ente querido, afligindo principalmente a mãe. Isto o afeta durante a gravidez, bem como nos primeiros meses e anos de vida; em certas ocasiões, vai perceber sua tristeza ou sua ausência emocional. Dependendo de como se comporta a mãe, e se este processo se prolonga por muito tempo, esta situação pode gerar inclusive uma depressão, que poderá resultar em um apego incoerente entre ambos: a mãe e o bebê.

Em tal circunstância, é importante que a mãe e o pai estejam atentos a ambos os processos, tanto o de serem pais de um nenê, como de serem pais que sofrem. Comentários à sua volta, como: 'Não chore, seja feliz porque você ainda tem um bebê', absolutamente, não os ajuda. Trata-se de atravessar um processo de dor, sem perder de vista o filho que permaneceu vivo e, embora não se possa falar de um tempo determinado, se tudo correr bem, é normal que este processo de dor dure mais ou menos dois anos.

É também crucial que os pais continuem fazendo a diferença os dois filhos, o vivo e o morto, e que não projetem o filho que morreu no filho vivo. Receber os nomes previstos para ambos pode ser um peso forte e pesado para o irmão sobrevivente, o qual pode supor que, por causa disso, terá que viver pelos dois. O mesmo ocorre com comentários nostálgicos, o estilo de 'o teu irmão era um anjo, tão lindo', etc, porque desta maneira, os pais o idealizam, e criam uma comparação inerente em que o gêmeo sobrevivente sempre sairá perdendo.

Assim mesmo, é de grande importância que, tanto os pais e a família guardem a memória do filho falecido, reservando-lhe um lugar na saga familiar, ou, ao contrário, esqueçam dele rapidamente. Quanto mais presente e incluído esteja na família, mais fácil será para o gêmeo solitário encontrar-se a si mesmo. Sabendo, sobre o gêmeo morto, o nome que os pais lhe iriam dar, e que os pais ficaram muito tristes com sua morte, poderia fazê-lo passar por um processo apropriado de dor e de separação. De qualquer maneira, o acontecido deixaria nele uma marca profunda e, certamente, algum vestígio que se manifestará na idade adulta; mas já teria percorrido parte do caminho para a cura da ferida causada pela morte de seu gêmeo.

O relato a seguir, de Begoña, nos mostra quão importante é aceitar o gêmeo morto e reservar-lhe um lugar na família.

"A foto do meu batizado sempre me pareceu estranha: chamava-me a atenção, de maneira muito forte, a imagem de minha mãe, de luto, com olhos escuros e uma expressão evidente de tristeza. O meu pai, ao lado dela, me parecia com o olhar ausente, como que olhando para um outro lugar distante. Não é de se supor que um batizado é uma celebração?

Quando eu era adolescente, minha mãe me contou, quase como se fosse uma historinha, que eu nasci gêmea fraterna. Minha irmã Concepción morreu poucos dias depois de nascer. Ela era muito pequena e magra, e eu grande e gordinha. Morreu da doença azul. Isso é tudo o que fiquei sabendo, junto com a constatação do Álbum da Família; na página do quarto filho, aparece seu nome e as datas do nascimento e morte. Nunca se considerou minha irmã como parte da família, como filha, nunca se falava dela, nem do que havia acontecido.

Passaram-se muitos anos até que eu desse importância a este fato, quem sabe só aos 35 anos aproximadamente, e isto continuou para mim apenas como uma história curiosa. Pouco a pouco fui me conectando com essa realidade e suas possíveis consequências. Fui desenrolando o fio da meada, tornando-me cada vez mais consciente da dimensão que isto tinha em meu psiquismo e, fui entrando, de forma intermitente e vagarosa, no sofrimento pela sua perda.

Um bom dia, enviei uma mensagem aos meus quatro irmãos, comunicando-lhes a minha descoberta e a importância que representava para mim ter nascido gêmea fraterna. Pouco depois, durante uma reunião nossa, uma de minhas irmãs falou, como se fosse uma novidade, revelada a mim pela primeira vez: 'Somos seis irmãos, mas a irmã gêmea da Begoña morreu, muito poucos dias depois de ela ter nascido'. Ouvir este reconhecimento público por parte de uma pessoa da família, foi importante para mim.

Entrei numa fase em que precisava esclarecer este assunto, entrar nela a fundo; discernir qual parte da minha identidade era minha, por natureza, e qual estava relacionada com este fato. Sabia que teria de enfrentar um longo processo, mas, cada vez aparecia com maior nitidez, a importância que esta realidade havia tido no núcleo das minhas feridas vitais. Continuei atando os fios; aflorou em mim a compreensão de como eu havia vivido a minha relação com as outras pessoas e com o mundo, a partir de uma desconfiança profunda, do temor pelo que me haviam feito.

Sentia claramente uma divisão dentro de mim: por um lado, sempre sentira uma vitalidade forte; o desejo intenso de conhecer-me e saber as coisas, mas agora vejo que isso se fazia com uma ânsia desmedida, como se eu não pudesse deixar passar um momento, como se tivesse que viver por duas pessoas. Por outro lado, sempre senti também uma grande presença da morte como companheira, como descanso, paz absoluta.

Jamais, nada ou ninguém poderá substituir minha irmã. Ela não é o meu par, não é minha amiga, nem minha companheira de trabalho e a vida não é uma carreira na direção daquela intensidade e aquela vinculação inicial. Ela é simplesmente a minha irmã gêmea morta e a vida olhou na minha direção. Agora começo a sentir que eu a carrego dentro de mim e que é um presente.

Na medida em que me senti caindo na realidade, essa desconfiança e essa dualidade entre o impulso da vida e a morte se foi desfazendo, como se dentro de mim estivesse se instalando uma calma crescente, um lugar mais fácil e simples onde viver, no qual, sentir-me só não me atemoriza, e termos sido duas me proporciona força."

Begoña

Capítulo 16: Dinâmicas similares

Não queremos encerrar esta parte do livro sem falar de duas dinâmicas que parecem semelhantes às do gêmeo solitário, mas que não são.

A primeira dinâmica pode acontecer quando a mãe teve um aborto alguns meses antes. Ao ficar grávida novamente, após um curto período, às vezes o novo bebê pode perceber no ventre, uma certa presença do inquilino anterior. Não sabemos se esta percepção se transmite ao bebê por meio das próprias vivências e recordações reativadas da mãe, se seu próprio útero atua como um campo de memória que grava esta lembrança recente em sua memória celular como especulam alguns pesquisadores, ou se isto acontece de outro modo. Pelo que temos observado é que, para a pessoa em questão, quando ela entra em estados regressivos que a fazem retornar à etapa intrauterina, parece que existe uma lembrança intrauterina de outro irmão e que esta percepção pode lhe causar uma sensação de inquietação e insegurança. Entretanto, ela não é compartilha com as outras sequelas próprias de um gêmeo solitário; em seu caso, apenas teve um irmão mais velho, que não chegou a nascer.

A segunda dinâmica é mais comum. No capítulo 'Vestígios na Psique' dissemos que quando a mãe ou o pai são gêmeos solitários, podem desenvolver um vínculo especial com um de seus filhos, com o qual sentem uma proximidade e união que reflete a relação que tiveram com seu gêmeo. E isto pode levá-los a desenvolver, inclusive, um forte receio de sua perda ou sentir-se separados dele, como se inconscientemente receassem que a história fosse se repetir. Ao não poder distingui-los emocionalmente, pois não tem consciência de seu gêmeo perdido, o filho tem que representar e preencher o vazio, o que aparece manifesto neste estreito relacionamento com sua mãe ou seu pai.

Esta identificação completamente inconsciente com o gêmeo da mãe ou do pai, faz com que, de algum modo simbólico, se reviva esta relação, embora com o ator equivocado. Isto pode levar a criança a desenvolver sentimentos semelhantes aos de um gêmeo solitário. Poder-se-ia dizer que conhece o papel de gêmeo, sem o ser. Em consequência, parecerão semelhantes alguns dos vestígios descritos nos capítulos anteriores. Porém sua forma de se relacionar com os demais continua sendo o modelo de um não gêmeo, pois, na verdade, não o é.

A fim de encerrar este capítulo, queremos ilustrar esta dinâmica com o seguinte depoimento:

"Desde que Pedro falou comigo, já faz alguns anos, sobre o conceito de 'gêmeo solitário', me senti ligada a esse destino humano, no qual se experimentou a presença de outro ser durante a gestação, vivi sua perda ou durante a gestação ou numa fase primeira da vida e na qual aparece, de maneira intensa e crônica, o anseio ou a busca, mais ou menos consciente, de sentir-se completo outra vez. Curiosamente, do mesmo modo como me sinto sensível diante deste destino e as dinâmicas implicadas, nunca senti que eu fosse uma gêmea sobrevivente. Pouco a pouco, fui me dando conta de que mesmo que não tivesse sido, estava imersa em uma dinâmica complementar: a de filha de uma pessoa que sempre sentiu que lhe faltava alguma coisa, algo mais do que apenas uma parte ou aspecto de si mesma, um alterego com entidade própria, apesar de não o saber conscientemente.

Minha mãe esforçou-se por duas em seu trabalho, tanto na família quanto em suas relações de amizade. Incansável e dedicada, só parou para começar a se olhar no espelho quando, com 46 anos, passou por uma experiência próxima à da morte. Por outro lado, só agora, nestes últimos anos, pude vê-la desfrutar um pouco mais da vida e de si mesma. Da mesma maneira como a conheci, esforçando-se em dobro, em minha lembrança, minha mãe sempre desfrutava pela metade, não se queixando, nem sequer resignada, mas simplesmente com a sensação de que um desfrute total não fazia parte de seu repertório de experiências possíveis, ou de sua maneira de ser afetiva e mental.

Também me lembro de minha mãe comprando o dobro, de propósito ou sem querer. Se uns sapatos ficassem confortáveis, comprava outro par igual, como se não fosse possível tornar a encontrá-los, quando o primeiro par ficasse velho. Também, sem que fosse voluntário, era frequente que eu a via com dois exemplares de um mesmo livro, um mesmo disco ou um mesmo filme. Fosse porque não se lembrasse de que já o possuía, fosse porque a presenteavam com outro igual, não os trocava, nem dizia nada, a verdade é que, às vezes, as estantes de casa pareciam saídas de um conto de Lewis Carroll.

Quando eu era pequena, queria adotar um animalzinho em casa - gatinhos encontrados na rua, cachorros abandonados, andorinhas caídas do ninho e um grande etcétera. - sabia que não lhe poderia perguntar, que a única maneira de obter uma resposta afirmativa era fazer com que minha mãe mesma viesse ver o cachorro ou o bicho desamparado. Diante da necessidade de um ser vulnerável, todas as defesas e critérios racionais se derretiam, e minha mãe acolhia o ser indefeso, o que a sua parte racional e sensata, diria ela, jamais haveria permitido. Minha mãe se transforma quando se trata de bebês, demonstra uma paciência e uma ternura que inexistem em outras áreas de sua vida. Os bebês também se transfiguram com ela, consegue acalmar o bebê com a cólica mais recalcitrante. Inclusive aqueles que ela acaba de conhecer, como os netos das amigas, que dormem placidamente em seus braços.

Todos estes aspectos não me haviam chamado a atenção, não fora porque me encontrei durante uma consulta com uma mulher que estava há quase vinte anos, escrevendo uma tese interminável. Não comprava uma casa porque a tese estava pendente, não estabelecia relações de dupla porque tinha a tese em andamento, não viajava porque tinha a tese em andamento. Definitivamente, em sua conversa transparecia uma incapacidade de viver plenamente, por causa da tese por terminar. Ao explorar seu genograma, o que mais me chamou a atenção era que sua mãe tinha uma irmã gêmea que morrera pouco depois de nascer. A frase que apareceu durante o trabalho foi "querida mamãe, eu, como tu, me sinto incompleta". Este encontro me deu o que pensar: Eu tinha uma tese por terminar!

Comecei a avaliar as peculiaridades da relação com minha mãe, sob um novo ponto de vista. Sempre me dei muito bem com minha mãe, não tanto como filha ou como amiga, mas como em uma relação fraterna, na qual nem sequer desempenharia o papel de irmã menor, mas sim de 'igual para igual'. Sempre admirei e quis bem à minha mãe, mas somente agora, que me dei conta de que não posso substituir a irmã da qual não desfrutou, minha tia, é quando posso me sentir filha de minha mãe.

Por todos os aspectos que observei em minha mãe e que poderiam ser considerados mais ou menos característicos de um gêmeo sobrevivente, alguns deles eu os herdei. Não sei se foram transmitidos a partir do modelado ou através da dinâmica subjacente de 'eu como tu', a questão é que frequentemente me vejo presenteada com roupas e livros duplicados; tão pouco posso resistir à vulnerabilidade de bebês recém-nascidos e filhotes; por circunstâncias várias acabei com um perfil duplo em quase todas as redes sociais nos domínios da web, dos endereços de Gmail, duas páginas no Facebook; também, igual à minha mãe e, muito significativamente, a identidade que utilizo habitualmente começa com o sobrenome de minha mãe. O que, em um momento, me parecia uma solução prática e um ato de reivindicação maternal, visto sob esta nova perspectiva, foi garantir, inclusive socialmente, a dinâmica de "irmandade" com minha mãe.

Conhecer os aspectos ligados ao destino de um gêmeo que sobreviveu a seu irmão, me proporcionou uma posição melhor no relacionamento com minha mãe e com a vida".

María Consuelo Sánchez.

TERCEIRA PARTE
DEPOIMENTOS

"Quanto te amo,
embora em meus versos não sejas nomeada,
estás presente em cada milímetro de tinta.
Em cada gesto de minhas mãos
ao rabiscar palavras sobre a superfície branca,

Rabiscar palavras...
rabiscá-las no ar
deixá-las escapar pela janela
para que voem
e se vão
elas já sabem que para onde
a ti, que não apareces em meus versos,
a ti, que iluminas os meus silêncios"

Jorge Larena*

* De seu livro 'Versos Anormales'; Mandala & LapisCero; 2010.

Nesta parte do livro quisemos abrir um espaço para que meia centena de pessoas, entre 20 e 70 anos, possam prestar depoimentos sobre sua vida de gêmeos solitários. Graças à grande variedade e a honestidade com que todas elas se expressaram, estas experiências pessoais mostram muito melhor os vestígios e possíveis consequências nas pessoas afetadas, do que um texto informativo e científico por si só poderia fazer. A maioria delas participou de alguma das 'oficinas de cura para gêmeos solitários' que estamos oferecendo desde 2008.

A fim de facilitar sua leitura, estruturamos esses depoimentos em capítulos, os quais tratam de diversos aspectos da vida. Queremos expressar, mais uma vez, o nosso agradecimento a todos e a cada uma das pessoas que contribuíram com seu relato, e nos deram a permissão de incluir suas palavras neste livro. Acrescentamos apenas que, a fim de proteger sua privacidade, alteramos os nomes.

Capítulo 17: Descoberta

Para muitas pessoas, a descoberta de que são gêmeos solitários, com tudo o que isso significou em sua vida, define um antes e um depois.

Uns poucos, sempre o souberam, seja pelas circunstâncias de seu parto - como nascer junto com um gêmeo morto, ou o aparecimento de uma segunda placenta - ou por outras circunstâncias. Mesmo assim, para as pessoas nesta situação, o que costuma acontecer é que, embora esta informação tenha estado sempre disponível, continuou como uma história sem importância aparente. De todos os modos, estes casos são significativamente muito menos numerosos. Assim como nos primeiros capítulos do livro, a imensa maioria das perdas durante a gestação múltipla, ocorrem durante o primeiro trimestre da gravidez e não costuma deixar vestígios porque, nem a mãe nem ninguém da família tem conhecimento delas, a não ser que tenham visto uma ecografia bem no princípio.

Assim, para a grande maioria dos gêmeos solitários, esta descoberta ocorreu muito mais tarde em suas vidas, durante a idade adulta e, geralmente, durante um contexto terapêutico, enquanto tentam resolver dificuldades que se lhes apresentam. Para eles, representa uma descoberta de grande relevância. Se antes eram vivências e sentimentos desconexos e sem explicação, agora, graças a esta peça crucial do quebra-cabeça, faz sentido. Por sua vez, este momento marca também o início de um processo de integração e cura, o qual irá demandar seu tempo.

"Sou uma pessoa sensível e me dou conta de que, durante minha vida tive momentos de solidão, de tristeza, de encontrar o meu lugar no mundo, de ansiar por alguma coisa. Agora, nesta etapa de minha vida, quando descubro que sou gêmea solitária, é quando também descubro que tenho tudo o que uma pessoa do lado de fora poderia ver como sendo o ideal: um companheiro que considero o homem da minha vida, pais maravilhosos, avós pelos quais dou graças, uma casa onde viver, um carro, amigos que me querem e uma profissão que me apaixona, mas sempre me aparece um receio imaginado, uma pena em forma de sombra, uma culpa, um algo que falta.

Quando descobri que era gêmea solitária, senti que, finalmente começava a compreender algo sobre meus sentimentos mais profundos, aqueles que, por mais explicações que eu procurasse, não conseguia encontrar. Nas primeiras semanas após a descoberta, sentia uma calma enorme, ordem no dia a dia e, pela primeira vez, sentia que segurava as rédeas dos acontecimentos de minha vida. Entretanto, poucas semanas depois, tudo se movimentava, fazendo com que alguns daqueles sentimentos de solidão, tristeza e culpa voltassem a me visitar.

Tenho a impressão de que a minha alma gêmea solitária se move em ciclos. Há semanas de pura calma, tudo flui com equilíbrio, não tenho medo de nada e sinto-me forte. Entendo o meu companheiro, vejo um futuro, sinto-me alegre e segura. Entretanto, chega um dia e o mundo parece girar ao contrário, sinto-me triste, discuto com meu companheiro, culpo-me por este meu comportamento, tenho medo da morte de algum ser querido ou, inclusive, de que o meu companheiro me abandone e outras coisas que não posso entender.

Belém

"Fiz uma Constelação onde se constatava que em minha relação de dupla havia um problema, ou melhor, uma dificuldade de manter compromissos; ao examinar tal problema, descobriu-se ser minha gêmea, a quem não conheci, porém fazia tempo eu tinha a intuição de que havia existindo; a vi, a reconheci, a incluí com amor e, curiosamente, encontrei o alívio para a minha alma. Desde esse dia desapareceu a solidão, ou melhor, a descoberta da desolação que sempre me acompanhava; parecia que minha vida era difícil e complicada. Agora me sinto acompanhada em todas as horas, feliz, e sinto sua energia apoiando-me e ajudando-me, e me foi dito na Constelação, 'que estava sempre comigo, esperando que a reconhecesse e cuidando de mim o tempo todo'. Durante muitos anos sentia-me desvitalizada, cansada em excesso e constantemente com sono, esgotamento; nestes dias tais sintomas desapareceram, sinto-me com uma energia desconhecida para mim, mas muito agradável, muito vital e, o mais surpreendente, é que caminhos estão se abrindo à minha frente em todos os aspectos, agora a vida está se tornando mais simples, certamente com o apoio e ajuda em todos os momentos, da minha querida irmã gêmea, que agora carrego dentro do meu coração, e que durante anos foi como se fosse um peso ou uma carga em minha vida, pelo desconhecimento da situação, agora é uma grande força e me sinto agradecida por isso".

Mariam

"Nasci em um hospital público na cidade de Mar del Plata. A história conta que, chegado o momento do parto, que foi muito doloroso, nasceu uma menina de 1.900 kg e, enquanto esperavam pela placenta, da bolsa uterina, apareceu outra bolsa, com outra menina que custou a nascer, só a uns 20 minutos mais tarde, mas que por fim saiu, com um peso de 1.100 kg e, para a surpresa de todos, o parto havia sido de gêmeas fraternas. Fomos levadas para uma incubadora, por ter sido parto prematuro (8 meses) e também por causa de nosso peso. Até então tudo parecia normal, mas surpreendente. O problema é que, aos 15 dias, minha irmã morreu.

Não o comunicaram à minha mãe, nem a ninguém da família, conforme disse minha avó, por pena e para que minha mãe não perdesse o leite, até que, aí pelos trinta dias, um médico, por descuido, perguntou porque o outro nenê tinha morrido. Então minha mãe ficou sabendo e disse que ela "estava pensando" que algo havia acontecido.

As enfermeiras continuavam com sua rotina de trazer os bebês a cada três horas, durante um mês, cada uma a seu turno, para que se lhes desse de mamar, e ela notava que a segunda comia menos. Essa era eu e, na realidade, me traziam duas vezes. Até que minha mãe se deu conta.

Esta é a absurda história familiar do meu nascimento.

Toda a vida a minha sensação foi de culpa por essa morte, muitas vezes me perguntei porque foi ela que morreu e não eu.

Vivi momentos de intensa desolação.

Durante muitos anos tive um profundo anseio por comunicação. Por características pessoais, sempre gostei de saber e investigar o 'oculto', estudei este assunto, usando diferentes técnicas para saber mais, isto é, canalizações, regressões etc, o que não adiantou muito, até que, faz agora dois anos, estudei o meu nascimento e parto com um terapeuta, com técnica Gestalt, e finalmente, compreendi muitas coisas.

Pude sentir-me no parto, e pude sentir o que foi a morte deste ser para mim. Pude vê-la vestida em azul, ao meu lado, e perceber seu sofrimento. Também compreendi a imensa ansiedade do momento em que a levaram do meu lado.

E também compreendi por que desta profunda ânsia de comunicação. Eu a tinha comigo dentro da barriga, nos comunicávamos bolsa a bolsa e conhecíamos os nossos estados e os de minha mãe. Nossa relação era muito bonita. Ao perdê-la senti uma dor profunda, que não pode ser conhecida por minha mãe, já que ela continuava em seu mundo de dois nenês'.

Esta sensação de que minha mãe não compreendia o meu sofrimento, eu a tive sempre desde muito pequena, e nunca entendi o porquê. A partir desta experiência senti-me muito aliviada e parece que por fim se acabou".

Sílvia

Capítulo 18: Infância

Muitos dos gêmeos solitários guardam lembranças de sua infância, de quando se sentiram tristes ou sozinhos. Mesmo que fizessem parte de uma família numerosa. Falam do anseio e desejo de ter um irmãozinho, da relação próxima com seu boneco de pelúcia favorito, ou de um amigo invisível. Alguns tinham um amigo ou amiga muito especial, ou se sentiam atraídos por companheiros de classe que eram gêmeos.

Várias pessoas nos contaram que, quando pequenos, passaram por doenças graves que lhes ameaçou a vida. Outros se retiravam para um mundo interior, ao qual ninguém tinha acesso, e se sentiam alheados de sua família, como se não fizessem parte dela.

O que também nos demonstram estas lembranças primeiras é que as crianças pequenas, talvez até os cinco anos, de algum modo se recordam da existência do irmão desaparecido. Grande parte desta lembrança não é totalmente consciente, mas se manifesta na maneira da criança de se sentir. Em suas brincadeiras e fantasias, de vez em quando os traz para a luz. Mais adiante, no capítulo 'Crianças que são gêmeos solitários', veremos em mais detalhe, como aparece no comportamento das crianças pequenas o fato de serem gêmeos solitários.

"Em minha primeira infância - quem sabe entre os 2 e 5 anos - sempre conversava com pessoas imaginárias. Achava-me só. E sentia uns anseios quase insuportáveis de ter um irmãozinho. Minha mãe me animava a colocar torrões de açúcar em cima da plataforma da janela, assegurando-me que isto era para que a cegonha me trouxesse este desejado irmãozinho. Eu o fiz por muito tempo, mas este irmão não vinha nunca, o que me trazia uma grande desilusão.

Desde então evito alegrias antecipadas, em vésperas de um acontecimento e, se por um acaso as tenho, você pode ter a certeza que esse acontecimento irá falhar, de algum jeito".

Daniela

"Criar-me não foi fácil para minha mãe, pois eu recusava o peito e as mamadeiras, e só as tomava quando dormia. Chorava demasiado e, inclusive, lembro-me de minha vizinha dizer, durante um ano, na volta das férias: "Não choras mais ?", ou coisa parecida. Minha mãe sempre conta que havia dias em que eu andava atrás dela, chorando sem parar. Perto dos quatro anos achei minha amiga invisível, Madame Sol. Sabia que todos achavam engraçado, mas eu me sentia feliz com ela, e não podia entendê-los.

Por outro lado, sempre senti que eu não pertencia à família, que eu era adotiva. Estive sempre dentro de meu próprio mundo, os professores se preocupavam porque eu não me relacionava com as outras crianças, mas eu me sentia tranquila, e me esforçava para que eles não se preocupassem. A tristeza sempre me acompanhou, inclusive o choro, sem saber realmente o que era que me doía tanto".

Elena

"Jacobin era um cachorrinho de pelúcia, de cor branca, com as orelhas marrom claro. Corrijindo, não era 'uma' pelúcia qualquer, era a 'minha' pelúcia. Certamente, era muito mais do que a minha pelúcia. Jacobin me acompanhou desde o primeiro ano de minha vida até os 37 anos de idade. Para mim, era quem ia comigo em quase tudo, menos à escola, porque em um colégio de freiras como este que eu frequentava, jamais teriam deixado que entrasse. Assim que chegava em casa, ia procurá-lo e o colocava debaixo do braço esquerdo, de modo que eu, sendo destra, podia fazer qualquer coisa com ele abraçado. Logo que eu entrava em casa e me 'ajeitava' com o Jacobin, eu já fazia tudo, quero dizer 'tudo' com ele ali colocado.

Brincava com ele como um cachorrinho de companhia, falava com ele, olhava a televisão com ele e, inclusive, se minha mãe não discordasse, comia com ele. E, sobretudo, dormia com ele todas as noites. Ainda tem mais, se alguma vez, chegada a hora de dormir, não o encontrasse, todos os membros da família se mobilizavam para encontrá-lo. Levava-o de viagem e até, um dia, quando eu já era maiorzinha, o carreguei dentro de uma sacola até uma discoteca da cidade de meu pai, onde costumávamos veranear.

Jacobin era mais um membro da família, fazia parte dela, e, é claro, da minha vida. Havíamo-nos fundido quase que em uma só pessoa. Insisto, Jacobin, meu cachorro de pelúcia, era mais do que um boneco; não entrava na categoria de brinquedo nos meus esquemas; era um anexo meu. Eu necessitava repartir tudo com ele.

Jacobin durou 37 anos, como já lhe disse. Foi quando, então, pude deixá-lo ir embora, deixar que se transmutasse. Jamais consegui jogá-lo no lixo ou destruí-lo. Sempre me perguntava o que aconteceria com Jacobin quando eu morresse. Consegui deixá-lo encostado em um cesto de papel, pois não conseguia fazer o gesto de jogá-lo fora. Acreditava que talvez alguém ficasse com pena e o recolhesse. Caramba, ainda me emociono ao recordá-lo! Naquele momento, há 36 anos atrás, soube que a nossa relação havia terminado. O meu cachorrinho Jacobin já não cheirava como antes; agora só cheirava a poeira, um cheiro que não me era mais familiar, nem me acolhia. Porque uma das coisas que mais me mantinha perto dele era o seu cheiro, tinha que cheirá-lo. Cheirava tão bem! Era um cheiro que só ele tinha. Dormi com ele cada noite de minha vida até os 26 anos. Foi então que conheci um homem que se tornou minha dupla durante onze anos e meio, e com ele tive dois lindos meninos.

Curiosamente, Jacobin era um nivelador de empatia para mim. Jamais dizia uma palavra. A todos a quem eu queria bem, Jacobin gostava. Quando meu companheiro apareceu, Jacobin passou a compartilhar a minha cama (meu companheiro demonstrava um grande carinho e um tremendo respeito por ele). Eu mesma fui deixando-o de lado e o mudando de lugar, até que cheguei a guardá-lo. Este foi o momento em que substituí Jacobin por uma outra pessoa; nada menos que a pessoa a quem eu mais amava e que foi, durante dezoito anos, o meu grande amor.

Passada a minha ruptura sentimental, minha relação com Jacobin tinha mudado. Foi então que me dei conta de que já não precisa mais da figura de Jacobin. Aquele vazio que ele antes preenchia, passou a ser preenchido pelo meu par; e depois que ele se foi, Jacobin já não o conseguia mais.

Jacobin era outra coisa, diferente de um amigo. Não era meu amigo imaginário; era parte de mim; ele sabia tudo sobre mim, sobre meus vazios, sobre minha solidão, sobre meus desejos, sobre meus sonhos. Sempre estava ao meu lado, e eu sentia que ele se sentia igual a mim. Era quem completava a minha solidão; era aquele que preenchia o meu vazio. Jacobin era o meu eterno acompanhante; meu companheiro de alma; me completava. Carrego-o sempre em meu coração, bem pertinho de meu braço esquerdo".

Francina

"Desde pequena eu me sentia muito só, parecia que me faltava alguma coisa; era um sentimento de que não pertencia à minha família, parecia como se alguns extraterrestres me tivessem largado na terra e estes não eram a minha família. Na minha casa sempre disseram que eu ia receber o nome de Esther; e, no final, me puseram o nome de Olga e não sabem por que. Minha mãe não se lembra, diz acreditar que estando sob os efeitos da anestesia, havia alguma enfermeira chamada Olga e por isso me deu esse nome. Eu sempre acreditei que Esther era a minha gêmea. Meus pais diziam que eu viria com um menino gêmeo, e eu sempre achei que era uma menina: por ser da mesma placenta é do mesmo sexo. Meu pai dizia que eu

tinha absorvido toda a força de meu irmão e por isso sobrevivera, e isso me fazia sentir mal e culpada.

Desde pequena, e na minha adolescência, tinha uma 'melhor amiga'; mas não um grupo de amigas, me sentia muito mais à vontade, mesmo hoje, quando os relacionamentos são 'a dois'.

Olga

"Lembro-me de um amigo que de repente teve duas irmãs gêmeas. Meu Deus, que inveja me dava aquela família!

Até os doze anos sempre pedia a meus pais que tivessem outro bebê, que eu queria ter um irmãozinho, embora o que me gostaria mesmo, é que fosse um irmão gêmeo, não importando se fosse menina, mas de preferência um menino, me dou melhor com eles.

Quando via um carrinho gemelar na rua, mesmo agora que estou mais velho, não posso evitar dar uma volta e sorrir, isso me deixa feliz !"

Daniel

"Quando ficava sozinha, do que me lembro muito, falava comigo mesma e sonhava / falava com uma irmã gêmea. Eu considerava isso como uma brincadeira, mas além disso mitigava meu sentimento de solidão, pelo menos em minha imaginação. Lembro-me de ter conversado sobre isso com minha mãe. E me recordo de que fantasiava, durante horas, com a possibilidade mágica de que essa irmã gêmea, que eu tanto desejava, se materializaria a qualquer instante. Então seríamos companheiras inseparáveis de brinquedos e eu deixaria de sentir-me só.

Em minha adolescência, escrevia meu diário dirigindo-me a uma amiga imaginária chamada Aránzazu. Inclusive, quando abri o meu primeiro correio eletrônico, já com mais de 40 anos, o chamei de Arantxa, diminutivo de Aránzazu.

Maria San Juan

"Quando adolescente, empenhei-me em tecer um casaco de bebê, sem ter ninguém para quem dá-lo de presente, apenas para aprender... Eu não entendia muito de tecer! Comprei uma revista e, seguindo as instruções, fiz um casacoi de um lindo pérola e angorá branco, com o seu gorrinho e os sapatinhos, ficaram do tamanho de um recém-nascido prematuro e, aí ficou em casa, minha mãe o mostrava a todas as visitas, e agora me dou conta de para quem era".

Sara

"Quando eu era pequena, estava convencida de que no outro lado do mundo vivia alguém que era exatamente igual a mim e que, quando eu fosse maior, iria buscá-la, faz pouco que o recordei!

Os gêmeos sempre me chamaram a atenção e meu primeiro noivo tinha um irmão gêmeo!

Preciso contar-lhe algo: Durmo desde pequena com uma almofada, no começo era grande, agora é menor, viajo com ela, se não a tenho comigo durmo pessimamente, me ponho de costas, pois de outra maneira me é muito difícil dormir".

Renée

Capítulo 19: Sentimentos

Conforme expusemos anteriormente no capítulo 'Os vestígios no sentir', há outros sentimentos profundos que são muito peculiares a um gêmeo solitário e que o acompanham desde pequeno e durante a vida. Estes velhos companheiros sentimentais podem ser a solidão, a melancolia, a tristeza, chegando até à depressão, a raiva, a culpa, e ao anseio, por alguma coisa perdida, deixando um enorme vazio. O sentimento de que falta alguma coisa pode levar a pessoa a uma busca incessante durante sua vida.

A maioria dos gêmeos solitários é bastante empática, com antenas apuradas que percebem o que sentem as pessoas ao seu redor. Mas também há uns poucos que se distanciaram o máximo possível de seu próprio sentir, consequência de uma grande ausência de associação, com o objetivo de proteger-se a si mesmos. Alguns sofrem mudanças abruptas de ânimo, sem uma causa aparente, bem como "a angústia de saber que a felicidade é o prelúdio da agonia", como o expressou uma pessoa em seu relato.

Nos depoimentos a seguir, expressam-se sentimentos e melodias emocionais diversas; além disso, em alguns deles pode-se apreciar, de forma tangível, a força do impacto e a dificuldade resultante com que algumas pessoas se deparam no dia a dia, em consequência desta perda inicial.

"Sempre tive um sentimento de solidão e de ansiedade, e a tendência de isolar-me e mergulhar em meu próprio mundo... um sentimento de culpa, sem saber muito bem por que... e passei por períodos bem depressivos.

Ao nível mais de anedota , quando pequena sempre ia com minha boneca favorita e, quase sempre que falo sobre mim o faço no plural, por exemplo: "vamos fazer isto" ou "o que vamos comer hoje?" e sempre tive alguma amiga com a qual ir a todos os lugares. Entretanto, sempre fico um pouco tonta ao fazer as coisas sozinha, apesar de que agora é bem mais fácil do que antes".

Esther

"Depois da oficina, o sentimento com que eu sempre ficava, era de que não achava nada completo, de que sempre me faltava alguma coisa, desapareceu. Entretanto, descubro sentimentos difíceis de explicar. Já não sinto que ele nos cedeu seu lugar ou sacrificou sua vida, porém me causa um sentimento de culpa. De toda maneira, nosso caso é diferente, porque somos três, existe uma outra gêmea viva. Com Joana, sinto que também houve uma mudança na relação, de menos dependência uma da outra".

Marta

"É uma sensação de tristeza e ansiedade da qual não me recordo quem a gerou. Sempre mantive a ilusão de ser um casal saudável e formarmos uma família, quero ter filhos e compartilhar a minha vida em dupla, mas isto é precisamente o que me dá muito trabalho. Custa entregar-me e abrir meu coração, mas quando o faço, entrego-me totalmente, e isto às vezes inunda o outro, ou o assusta e ele se vai embora. Então me fecho em mim mesma e resolvo ficar só, com a sensação de que 'não adianta'.

Às vezes, com a ilusão de encontrar uma alma gêmea, saio e procuro pelo mundo, e penso: sei que estarás por aí e te desejo todo o bem; falo com ele assim, blábláblá. Evidentemente, são ilusões. Hoje, lembro-me de que certa vez estava com meu noivo, e mesmo ao seu lado, sentia uma tristeza e uma ansiedade indescritível. Gostaria de livrar-me deste sentimento de depressão, pois é como um pêndulo, que vai e vem, sem uma felicidade permanente".

Marisol

"Da minha experiência como gêmea solitária, posso te dizer que o que primeiro acontece é precisamente o sentimento de solidão, e também a sensação de ter feito algo errado, tão mal que nem quero me lembrar do que se trata".

Sara

"Pensar em minha condição de gêmeo solitário é pensar na essência da minha própria vida. Acredito que desde que fiquei sabendo, não tenho feito nada de bom, só continuei vivendo. Gêmeo, ser gêmeo, quantas coisas se explicam com essa palavra. E solitário não é o melhor complemento para um gêmeo, porém, desde logo, é determinante. Agora que eu sei, as coisas são diferentes. Talvez isto seja o melhor de tudo: saber. Minha irmã, eu a chamo de Luz, morreu, mas seu espírito já estava dentro de mim. Durante anos, apenas percebia o eco de sua ausência, o abandono, o adeus inesperado, a dor e a angústia de saber que a felicidade era o prelúdio da agonia. O medo, a tristeza inútil e inexplicável. A raiva, a ira controlada, devorando tudo. A busca às cegas, a estranha sensação de viver em falso, de sentir que alguma coisa não se enquadrava na normalidade aparente.

Porém, saber disto colocou um ponto final em tudo. Saber disto deu a verdadeira dimensão à vida - à minha vida. Agora compreendo minha dualidade, agora exploro sem receio, compreendendo o que se aninha em meu interior. Agora sou feliz e caminho sem angústia, confiando em que cada dia serei um pouco melhor, um pouco mais capaz, um pouco mais livre. Assim que, agora, agradeço o fato de estar vivo, convivo com a essência da Luz e dou, quando posso dar, recebendo quando posso receber.

Jorge

"O tema culpa é um grande problema em minha vida; apesar de ter uma vida bastante boa, exitosa, muito correta, sempre me sinto culpado, seja por ter a vida que eu tenho, ou do que acontece com a minha família, ou seja com o que for; as culpas me pesam tanto que não me permitem progredir na vida como eu gostaria. Sobretudo nos últimos anos sinto-me muito cansada, mental e fisicamente, muito mesmo! Sinto que arrasto uma carga e que, cada vez me parece mais impossível de continuar. Quando eu era mais jovem, com o entusiasmo ou com o que quer que fosse, era mais fácil, mas agora não sei o que acontece, mas as depressões passageiras são cada vez mais frequentes em minha vida. Antes, eu me sentia uma pessoa

mais forte, mas parece que estou me debilitando cada vez mais. Mudanças constantes de ânimo, posso estar feliz e, no minuto seguinte, sentir-me a pessoa mais infeliz do mundo. São mudanças muito fortes e rápidas, que me desgastam e me fazem o caminho parecer mais difícil, para continuar com meus projetos, uma luta sem fim".

Ana

"Tudo isto eu lhe digo a partir da minha cabeça, pois é difícil suportá-lo e senti-lo. Com frequência acredito que é tão doloroso que prefiro mantê-lo escondido; outras vezes, imagino que deva ser uma pessoa fria e que, na verdade, não sinto coisa alguma. Tenho um grande medo de deixar transbordar tudo, por causa do que possa acontecer. Serei insensível ou faço de conta que acredito, para não sentir?

Maite

"Para mim, ser gêmea solitária é como estar dividida... acredito que tenho que ocupar muito espaço e quando o faço, sinto uma tremenda vergonha por ser quem sou e, culpada por me aproveitar dele.

Durante muitos anos, é como se eu passasse a vida andando na ponta dos pés e, embora me acontecessem muitas coisas, eu estava muiiiito longe... como se o "exterior", como o denomino, estivesse bem longe, longe, longe...

Para mim, a tristeza tem sido a emoção básica da minha vida, apesar de eu ter aprendido a dissimulá-la muito bem; aparentemente sou uma pessoa muito sociável e extrovertida, mas de fato, isto também é verdade, é como se existissem dois polos extremos vivendo dentro de mim...

A minha estratégia para superar as "quedas" tem sido agir, fazer e fazer coisas, projetos, sempre tive energia sobrando, praticamente sobre-humana, o que acabou criando estrias pelo meu corpo.

Sentir-me diferente e passar por dois estados de espírito de um dia para o outro, ou ser a mais maravilhosa do mundo, ou o bicho mais horrível do universo, porém a minha capacidade camaleônica para ocultá-lo não acarretou muitos problemas no ambiente ao meu redor...

A empatia é uma virtude / problema, ajuda-me em algumas coisas, mas às vezes me aborrece, e me sinto como o vampiro da película 'Crepúsculo', que pode saber o que as outras pessoas sentem e isso, às vezes, me dificulta estabelecer o limite entre mim e os outros. Isto me cansa muito e, assim necessito de períodos de descanso, de me retirar e vou dormir... O lado positivo é que posso compreender o outro ser humano, sem fazer juízo".

Mercedes

"Lembro-me de ser reconhecida como uma pessoa inteligente, me destacava entre meus companheiros, porém isso não produzia emoção alguma; somente eu prestava atenção à minha solidão e à minha dor. Estudava pouco, obtinha notas altas e pouco mais; o resto do tempo o empregava em estar só e ler, um livro era o meu refúgio. Os personagens de um livro não podiam falar comigo, por isso as podia controlar.

Não sei se fui uma menina e uma adolescente deprimida, fazia o que lhe era dado fazer, 'dava uma mão' em casa, cuidava de meus irmãos quando me pediam, porém não me recordo se isso me agradava ou desagradava, o fazia, simplesmente.

Nunca me apaixonei, mas sentia uma grande necessidade de ser querida, de encontrar alguém simples e nobre em quem 'pudesse confiar'.

Eu o encontrei e nos casamos, me quis bem, mas de minha parte, será que soube querê-lo? Escrevendo isso agora, devo dizer que fui uma morta viva, sem paixão, sem interesse'.

Maite

Capítulo 20: Sonhos

O mundo dos sonhos é fascinante. Neles manifestam-se nossas experiências e processos internos, tanto conscientes como inconscientes. Por isso, não surpreende que Sigmund Freud lhes tenha dado tanta importância.

Em alguns dos relatos sobre sonhos a presença do gêmeo aparece claramente, em outros está implícita, como acontece no caso dos meus meios de transporte. É interessante também, que os sonhos relatados aqui ocorreram tanto antes como depois de saber-se da existência do gêmeo. Isto nos mostra que os sonhos são mais do que um reflexo de nossas vivências presentes, são também um outro canal de memória de que nós, os seres humanos, dispomos.

Chama-nos a atenção que várias pessoas contam ter tido pesadelos recorrentes em sua primeira infância. Os pais de crianças pequenas com pesadelos poderiam encontrar aí um indício valioso de uma possível causa.

Por outro lado, no depoimento de alguns adultos, manifesta-se um mundo onírico detalhado e rico, que inclusive ilustra um processo de cura.

"Desde pequeno, tinha pesadelos e me abraçava com um boneco de pelúcia, dizendo-lhe que estava a salvo e, se apesar disso voltava a ter pesadelos, procurava ficar invisível durante o sonho, disto me recordo muito bem".

Marc

"De pequeno, tive muitos pesadelos, até os dois anos, minha mãe ficava assustada porque cada noite eu acordava gritando, mas por ainda não saber falar, nunca nos demos conta sobre o que eram esses pesadelos. Desapareceram antes de eu aprender a falar o suficiente para explicá-los. Assim, sempre fui muito solitário, bastava-me a

115

mim mesmo para brincar, vivendo em um mundo de imaginação, com 'amigos virtuais' e, muito frequentemente, sentia-me acompanhado em minhas 'aventuras'.

Tomás

"Estou comigo, desdobrada em outro eu, com minha irmã gêmea. Somos fisicamente idênticas, as feições iguais, o tamanho do corpo, a cor do cabelo, o penteado e, inclusive, vestimos o mesmo anorak vermelho (um anorak que comprei há muitos anos e visto com prazer, porque me faz lembrar um outro que tive igual a este, quando era menina, e com qual tinha um grande cuidado,). Vamos andando, com passo rápido, as mãos dadas, pela plataforma de um metrô parecido com os antigos, de ladrilhos brancos e cinza. Embora sejamos irmãs iguais, nossa atitude é diferente. Existe harmonia entre nós, mas claramente eu sou a mais 'velha', sou a que a leva pela mão, a que sabe o caminho e para onde estamos indo. Eu ando mais decidida, mais segura, corporalmente mais reta, estou feliz e me enternece a inocência e a 'ignorância' de minha irmã; ela é, por assim dizer, mais 'menina' do que eu, eu não tanto. Contemplo-a protetoramente, e fazendo com que ela siga o ritmo, ela deixa-se levar, está tranquila e confiante. Caminha encolhida, mais encabulada do que eu, um pouco tontinha, qual uma menina imitando uma velhinha de uma história da carochinha, me olha e sorri, mas com cara de marota. Sei que ela é 'diferente', 'estranha', que nunca será a primeira em nada, mas a quero muito, porque é única e sobretudo porque é 'família', do mesmo sangue, de minha tribo, me identifico com seu cheiro, seu calor, porque, eu sou eu mesma.

Quanto existe neste olhar! Há uma cumplicidade inquebrantável, apesar das outras pessoas e do quer que seja, sim, há: 'eu te reconheço, não estamos sós, temos uma à outra'. E sinto que, embora às vezes me pareça um entrave, tenho também a sorte de participar desta união tão especial e que, sem ela, eu não poderia ser eu e que a amo muito, muito.

Começamos a subir a escada da saída para a rua. Sei que a estou levando a um lugar, para deixá-la lá, para que cuidem dela, fico um pouco com pena mas sinto que ficará bem, que chegou o momento de nos separarmos, porque eu devo continuar sozinha, sem ela. Ela não poderá crescer mais, e eu sim, mas isto não traz medo, pois quero viver a MINHA VIDA".

Marta

"Quando cheguei em casa, tomei a decisão de contar a meus pais parte do que constelamos e, ao me perguntarem, diria a eles sobre a constelação do gêmeo evanescente que tu fizeste com Pilar. Antes, devo dizer-te que quando tocaste neste assunto durante o curso, imediatamente o meu coração deu um pulo, pois já tive este sonho três vezes durante a minha vida, de que eu era um gêmeo, mas por desconhecimento o carregava dentro de mim sem acreditar ou entendê-lo. Porém, qual foi a minha surpresa quando minha mãe me contou, quando fiz 45 anos, que quando estava grávida de mim, teve um aborto, depois de um mês e três semanas de gravidez. Isto me deixou OK, ao mesmo tempo aliviado e contente em sabê-lo".

Arturo

"Curiosamente, tive dois sonhos relacionados com meus transportes:

Em um deles, informavam que o meu carro tinha ficado amassado e eu não compreendia como o haviam tirado da garagem, mas não estava ali, e o mecânico me dizia que não era possível movê-lo, não tinham conseguido dar a partida e o tinham encontrado amassado, e não havia maneira de recuperá-lo. Eu não entendia coisa alguma, e minha dúvida principal era como o haviam retirado da garagem sem chaves, e quem o teria levado...

E, no outro sonho, aparecia minha bicicleta, eu a olhava e dizia: "agora entendo porque, nestes últimos dias, não fui trabalhar de bicicleta, se estava com o pneu furado".

Assim, em meus sonhos haviam-se quebrado os meus dois veículos de transporte! Como irei agora, continuar a vida ?"

Eva

"Esta noite, em meus sonhos, voltei a visitar meu irmão. Desta vez eu não estava na escada. Entrava por uma porta que ligava a casa dele ao meu dormitório. Disse a ele: 'Não entendo porque o arquiteto deste edifício deixou uma porta que liga as duas casas'. Ele só me olhou, mas não respondeu. Voltei a dizer: 'Até agora não tinha certeza de que tu não fosses um chutão'. Ele me respondeu: "Se tu não queres, não voltarei mais". Retruquei: 'Ainda não tenho certeza, mas podes voltar".

Estou na companhia de três mulheres, na frente de um castelo. Tem uma porta que não foi aberta por muito tempo, anos e anos. Abrimos a porta. Encontramo-nos em um lugar onde há dois reservatórios de água. Me aproximo de um e mergulho meus pés dentro dele. Me dou conta de que, em cada um dos tanques, há um pequeno crocodilo em estado embrionário. Um dos dois está muito fraco, está passando mal. Em um dos tanques existem ovos.

Vejo-me seguindo meu irmão; os dois estávamos fora da barriga da mamãe e, depois de um túnel, através do qual passamos juntos, e muitos homens estavam esperando por ele e, por mim, a minha avó, junto com muitas outras mulheres, as quais não me deixaram continuar com ele. Depois, minha avó me tomou nos braços e, passado um certo tempo, expliquei a ela que, já que eu havia chegado até ali, não iria continuar sem falar com os 'responsáveis'. Assim que continuei por um caminho entre as mulheres, um caminho ascendente, senti que deixava os meus ancestrais e chegava a um espaço somente masculino. Havia muitos homens que formavam um conselho de sábios, e me avisavam de que seria muito arriscado ir até o final. Disse-lhes que queria continuar, pois era preciso negociar com Deus: 'Eu não saio daqui sem que Deus me explique porque tenho que voltar e sem o meu irmão".

Sandra

Capítulo 21: Relações entre duplas

Sem dúvida, é no âmbito do casal onde se manifestam muitas das dificuldades dos gêmeos solitários. O vínculo entre os gêmeos é, como já indicamos, a relação mais estreita que nós humanos conhecemos. Nenhuma outra, nem aquela, entre a mãe e seu bebê, é tão fungível, em seus primeiros meses e anos. Quando nos tornamos adultos, a relação entre a dupla é a que mais se assemelha com esta experiência: repartir com outra pessoa a vida e o espaço, tratando-se, além disso, de uma relação entre iguais. Por causa desta semelhança, a dupla é o terreno onde facilmente vai se projetar tudo o que tem a ver com o gêmeo perdido. É nele, portanto, onde mais se evocam, tanto os desejos como os receios experimentados no princípio da vida.

Em realidade, a maior parte das dificuldades que surgem no relacionamento entre a dupla, não tem propriamente a ver com o casal em si, mas com outros assuntos relativos à biografia de cada um, e que os traz à cena novamente. Um desses assuntos pode ser o de ter perdido o gêmeo. Quando um gêmeo solitário pode começar a fazer a distinção entre a dupla e seu irmão, é quando deixa de procurar que esse casal preencha o vazio que sente, abrindo novos caminhos para uma relação de casal mais satisfatória e completa.

> *"Passei a vida procurando um noivo, um companheiro; e é aqui onde ficou centrado o eixo da minha vida até agora. Até hoje, foi na perda de um companheiro onde sofri as dores mais profundas; e, desfrutei dos momentos mais completos de felicidade. Excetuando a de meu primeiro noivo, ali pelos quinze anos, as demais foram vividas com muitíssimo medo da perda e, na maioria dos casos, com ataques de ciúme que geraram grandes tormentos, difíceis de atravessar. Entretanto, atualmente em minha sexta tentativa, aconteceu tudo ao contrário, pois agora quem quer ir embora sou eu, ou pelo menos sinto necessidade de ar, espaço..."*

> Ana

"Sinto um medo enorme pelo abandono do companheiro e pelo companheiro, me afeta muito, e, quando o outro lado se afasta um pouco de mim porque chegou a hora da 'retirada' depois de tanta proximidade, por causa dessa dor profunda que eu sinto pelo abandono, eu me retiro primeiro.

Parece que quando vou a um lugar, necessito de alguém para servir como um ponto de apoio, e quando vou andando pela rua, sempre seguro o braço ou toco a pessoa que está comigo; e se for com duplas, se não me seguram as mãos, sofro, necessito muito de contato".

Olga

"Conhecer o meu par foi como descobrir uma alma gêmea, alguém como feito sob medida para mim. Desde o primeiro dia da relação, foi como 'nós', uma fusão de dois indivíduos que já não fazem sentido, se estiverem sós. Estamos juntos há 15 anos, a relação é muito íntima, estamos 'agarrados' um no outro, precisamos estar em contato físico, até dormirmos sem nos separar fisicamente.

Em geral, sinto como se me faltasse alguma coisa para ficar completo e talvez procure o par que supra esta necessidade. O problema, é que isso não pode sobrecarregar a relação com um peso que não lhe cabe."

Tomás

"Em numerosas ocasiões durante a minha vida, sentia-me só e desejava conhecer alguém que ficasse comigo (amigo/a ou um parceiro), que não fosse embora. Anos mais tarde, diretamente, não permitia que alguém entrasse em minha vida.

Tomei consciência de que minhas relações sempre foram iguais. Eu buscava nelas a incondicionalidade, o sentir-me apoiada, porém nunca havia a contrapartida de amor, de minha parte. Sinto também que nenhum homem vai me amar. Esta é uma certeza absoluta, porque como alguém vai gostar de mim? É IMPOSSÍVEL. É como se eu não tivesse valor suficiente, não sou suficiente e sempre,

sempre vão me deixar de lado. Acredito também que teria sido melhor que ele tivesse nascido, e não eu, que sua presença seria muito mais requerida do que a minha. É como se eu tivesse que, alguma vez, pedir desculpas ao meu irmãozinho".

Belén

"Desde a minha adolescência estou procurando O HOMEM. Anseio por este amor mais profundo e verdadeiro, nascido da alma. Mas quando alguém parecido se aproxima, esta proximidade me aflige, seja ela corporal, mental ou espiritual. E isto nunca deixou de existir, mesmo estando eu casada. Até hoje procuro reconhecer nos rostos das pessoas com as quais me encontro, um gêmeo de alma, e sinto uma grande ansiedade por encontrá-lo. Nunca tive uma relação de parceria realmente feliz, embora me pareça que, objetivamente, isto não está certo".

Daniela

"Hoje não sei bem se o que eu sentia era uma atração pessoal, um namoro, ou era alguma coisa diferente, algo pelo que venho buscando toda a minha vida, mesmo sem o saber. O que é que eu sinto por meu gêmeo e o que uma pessoa sente por rapaz normal e regular? Como fazer a distinção ?"

Ana

"Sempre tive amigas 'do coração' e, é claro, também um noivo, e que éramos 'almas gêmeas', mas ele vivia a 10.000 km de distância. Quando terminamos a relação, o rompimento interior foi enorme".

Elena

Capítulo 22: Identidade Sexual

O fato de ter iniciado a vida com um gêmeo do sexo oposto pode levar alguns gêmeos a sentir uma certa confusão, relativa à sua identidade sexual. Identificam-se inconscientemente com ambos, conforme discutimos no capítulo 'A identidade compartilhada'. Este sentir e viver por ambos pode levá-los desde uma identificação parcial com seu próprio sexo, até relacionar-se com ambos os sexos ou, inclusive viver a homossexualidade.

Descobrir e reconhecer o seu gêmeo e, como consequência, poder ser diferente dele, pode fazer que um deles consiga identificar-se de forma mais acentuada com sua própria identidade e, assim também, com sua própria sexualidade.

No caso de Frida Kahlo, que apresentaremos na quinta parte do livro, poderia constituir-se em um exemplo desta dinâmica inconsciente. Abrigamos suspeita semelhante em relação a Oscar Wilde, o escritor de 'O Retrato de Dorian Grey'.

"Considerei os meus parceiros como meus irmãos e tenho a sensação de que o irmão que perdi era um menino. Estive casada seis anos com um rapaz encantador e estamos agora separados, faz três anos. Porém, nossa relação foi sempre uma relação de irmandade, nossas relações íntimas foram muito poucas, quase podem ser contadas nos dedos das mãos; tínhamos um amor que nos unia de forma incrível, matávamos um pelo outro, mas não havia amor de casal. Na verdade, éramos muito parecidos fisicamente, ao ponto de que todas as pessoas que nos conheciam, a primeira coisa que perguntavam era se éramos irmãos.

Meu companheiro atual é diferente, no sentido de que mantemos uma boa intimidade, mas sinto com frequência, um impulso de tratá-lo como meu irmão menor, tenho que me frear, mas me causa prejuízo e confusão.

O Gêmeo Solitário

Durante a adolescência vivi um período no qual queria ser homem, sentia uma necessidade de fazê-lo; cortava o cabelo muito curto e me vestia como um rapaz. Foi um período não muito longo, mas o notei.

E existe algo muito forte e de que sinto vergonha, é de que, muitas de minhas fantasias sexuais são como as dos rapazes. Sinto-me muito identificada como mulher e tenho certeza de que gosto de homens, mas muitas vezes a minha maneira de ficar excitada é pensar em moças, inconscientemente sou levada a pensar assim e me é difícil mudar isso, é como se houvesse dois polos em minha mente.

Ainhoa

"Na multidão de trabalhos corporais que tive, frequentemente sinto-me atada a um enorme sofrimento e um sentimento de que, por favor, me deixem SÓZINHO, no masculino, embora eu seja mulher. Quando pequena, fantasiava que me faltavam os genitais de menino e durante certo tempo de minha vida fiquei confusa quanto à minha identidade sexual".

Mercedes

"Outra lembrança que me tem vindo à mente é que, durante uma época, comprava roupa de homem para mim; olhei em meu armário e tenho várias peças de roupa duplicadas, mas de cores diferentes. Talvez seja um pouco demais supor, mas inclusive, cheguei a pensar que se tivesse havido um gêmeo, seria um menino; sempre senti um certo complexo de sentir-me pouco feminina e, no entanto, quando me vejo em fotografias, me dou conta de que pareço diferente do que me sinto, me reconheço como bem feminina e imagino que haja uma contradição entre o que sinto em relação a mim mesma. Quero ser ou sou feminina, mas mesmo assim, estabeleço limites na minha feminilidade".

Maria

"*Existe alguma coisa que me chamava a atenção, porque fiquei consciente disto nos últimos anos... Perguntava-me por que, quando ia pela rua, me fixava praticamente nas meninas da minha idade... raramente nos homens... e, quando tomei consciência disso, me questionava quanto ao porquê; sim, a mim, de verdade, eu gostava dos homens, nunca senti atração sexual por mulheres, mas isso me acontecia. Recentemente, cheguei à conclusão de que, de alguma forma, estava procurando alguma coisa ou, trazendo à luz essa busca... agora posso ver*".

Isabel

Capítulo 23: Vida e morte

Um gêmeo solitário presenciou muito de perto a morte de seu irmão, o que impacta fortemente a pessoa envolvida e que deixa vestígios, às vezes muito profundos. Em alguns casos, fica uma compreensão natural da morte e, embora a respeitem, não lhe tem temor, enquanto que em outros, um grande medo, relacionado com tudo o que tem a ver com ela. Pode-se dizer que estas pessoas sofreram um trauma existencial, ao sentir sua vida em perigo, quando do momento da morte de seu gêmeo e, conservam ativa em seu corpo a lembrança dessa angústia mortal.

Muitos têm dificuldade de viver plenamente, o que pode manifestar-se através de um grande leque de atitudes e condutas, desde um certo alheamento até tendências suicidas. É como se lhes custasse 'encarnar-se' de todo, seja por causa do anseio de fazer companhia ao outro, seja pela rejeição da própria vida.

Aceitar a vida tal como ela é, constitui um desafio para qualquer pessoa. Para um gêmeo solitário, consegui-lo plenamente significa ter conseguido assimilar a vida e a morte de seu gêmeo.

"Contemplar o céu quando há estrelas me produz uma conexão brutal com o meu ser e, é nesse momento em que verdadeiramente não necessito de ninguém, porque não estou aqui, mas lá em cima, no céu estrelado, integrada".

Francina

"Nunca senti apego a esta vida. Apenas sentia uma profunda nostalgia por voltar ao outro lado do universo, onde se encontrava algo que era meu e de meu lar".

Marc

"Sinto que estou ancorada no canal do parto, vendo a vida passar ao meu redor, e eu, sem poder nem saber como vivê-la, atada a um sofrimento e dor, física e emocional. Dor pelo corporal, sem poder levantar-me de manhã, como responsabilizar-me pelas horas de luz ao dia; como terminar alguma coisa já iniciada e não acabada, ficar a um passo do final é o mesmo que abortá-lo; entro em crise de pânico-medo inconsciente sem saber de onde veio, e vivo dentro dela como se fosse a própria realidade. Uma realidade paralela, em estado de consciência, expandida de vida-morte, sem compreender".

Margarita

"Por um lado, as lembranças infantis, a adolescência, juventude e, é claro, a época adulta, sempre com saudades, e associando-me com uns e outros, com o impulso inconsciente de reviver aquele tempo que compartilhei com minha irmã.

Por outro lado, fiquei consciente de como existo neste mundo. Sinto uma profunda necessidade de ajustar-me, perante tudo que me rodeia, de estar presente ou 'com presença'. Sim, que cada dia estou mais assim, não sei explicá-lo, quem sabe tenha que ver com tornar-me um ser completo".

Elena

"Até agora vivi com uma sensação constante de estar em perigo, pensamentos repetitivos de morte, própria ou alheia, medo da morte e, quando fico feliz, imediatamente aparece um aviso e começo a lembrar-me de coisas ruins que me aconteceram. Às vezes penso que é uma maneira de nos mantermos sempre em alerta e nos permitir relaxar".

Mercedes

"Duvido de tudo, TUDO. Tenho medo de me equivocar em minhas decisões, como se fossem mortais e, quando isto me ocorre, permanece comigo durante meses ou anos...".

Gema

"O pior é o meu desapego à vida, minha vontade de deixar esta vida, apego à morte. Nunca tive medo da morte, ao contrário, sempre senti um raiva de minha irmã gêmea Esther, porque ela não ficou para sofrer nesta vida e está em um lugar melhor, e me abandonou; apesar disso, eu vim para sofrer sozinha muitas coisas dolorosas, e sinto-me muito incomodada com ela por deixar-me só".

Olga

"Compreendo a morte, mas não tenho medo dela e, por sorte, não me atraio em sua direção, no sentido de que amo a vida e sou muito lutadora, nesse sentido não me afeta".

Ana

"Na oficina de gêmeo solitário, ao reviver o contato com a minha gêmea e sua perda posterior, tomei consciência de que foi naquele momento que decidi não viver, desprezar a vida, como uma forma de vingança. E também tirei a conclusão de que não desfrutava a vida, e minha gêmea não tinha nenhum direito de me reprovar. Assim que, fiquei como que insensível, apático e desinteressado, me deixei nascer, sem qualquer participação minha. Depois, a minha mãe não me interessava, somente pensava em minha gêmea e em voltar a ficar com ela. Acima de tudo, queria estar com ela, a qualquer preço. E quase que o consigo, pois nasci com um sopro e tiveram que me operar do coração, aos cinco anos, ou teria morrido. Tampouco me agarrava ao seio de minha mãe, foi preciso que me dessem mamadeira, desde o princípio.

Na tarefa de exercício, ao olhar minha mãe, pouco a pouco nasceu-me um sentimento novo: comecei a sentir-me culpado porque eu estava desprezando o que minha mãe havia feito por mim. Havia me gestado durante nove meses, me parido e dado a vida. Sentia-me culpado em relação a ela. Apareceu o amor e o agradecimento por ela e fui crescendo paulatinamente até que me senti dividido: se não aceitasse a vida, trairia a minha mãe, que não tinha nenhuma culpa, ou se a aceitasse, trairia a minha gêmea, já que ela não pode viver.

Estava desconsolado, porque não me sentia capaz de tomar uma decisão, e irritado por encontrar-me em um beco sem saída. O amor e o reconhecimento para com minha mãe foi crescendo até que senti que devia aceitar a vida, mas precisava, para isso, a permissão de minha gêmea.

Falar com ela e sentir que ela estava contente de me ver com minha mãe me tranquilizou, do mesmo modo que sentir como ela aceitava que seu caminho de vida era esse, e estava satisfeita. Eu lhe disse que não era justo: 'Eu, tudo ou nada', e ela me respondeu: 'não, eu também tudo, esse era o caminho da minha vida. Fui embora porque eu quis'.

A partir desse momento, fui me entregando à minha mãe cada vez com mais amor, vendo que a minha gêmea estava sorrindo para mim. Senti muita dor e culpa por haver rejeitado minha mãe, e um sentimento de paz me foi invadindo, um sentimento de paz, ao ver minha gêmea em seu lugar e eu aceitar minha mãe.

No dia seguinte, na hora de acolher o meu embrião ou bebê recém-nascido, senti um alívio.

Ao meu embrião eu disse: 'entendo a tua dor, mas eu sei mais do que tu sabes e sei que a vida é um tesouro e vou provar isto. A vida está te esperando...'

Saí muito comovido da oficina do gêmeo solitário, com uma tristeza que imaginei iria durar uns dias. Ao chegar em casa, o contato com minha mulher e meus dois filhos me proporcionou alegria. Aliviou o meu pesar e, durante a tarde, alguma coisa se transformou em meu modo de sentir.

Por um lado, o sentimento de querer vingar-me da vida, desprezando-a, desapareceu, e me pareceu uma coisa absurda. A vida está aí e, se eu o quiser, aproveito-a para ser feliz e, senão, à vida pouco lhe importa.

Por outro dado, o sentimento de não querer desfrutar da vida a fim de que minha gêmea não pudesse me recriminar, também foi se transformando: ela não me recrimina de nada, e estou lhe dizendo 'serei infeliz em tua honra. Para ti'. Presente insignificante! Estou tornando-a responsável por minha felicidade. Não me admira que se mostrasse esquiva comigo na constelação que surgiu pela primeira vez. Ela não ganha nada com isso, nem eu resolvo nada.

Estas conclusões e decisões vieram abaixo. Agora me sinto confuso, sinto que houve um mal-entendido durante toda a minha vida e agora está se abrindo espaço para algo novo que, suponho, irá surgir e que, acredito, será mais real.

No dia seguinte me apareceu uma aluna nova. Ao pegar o telefone, senti uma grande alegria, como nunca, sem sombras nem receios... limpa! Dei-me conta de que, até então, sempre que sentia alegrias, precisava estragá-las um pouco, minimizá-las ou desvalorizá-las. Finalmente me senti preparado para aceitar as alegrias da vida sem o aparecimento de culpa.

Na terceira noite tive um sonho: sonhei que no andar em que eu vivia (embora fosse diferente do verdadeiro) apareceu um incêndio. Um incêndio que não criava nenhum problema para ninguém, e que nos dava tempo para reagir, da maneira como conviesse. Minha mulher e eu conversávamos sobre o que salvar, os móveis ou deixar que se queimassem e cobrar a indenização do seguro. Inclusive, houve uma reunião dos vizinhos com os técnicos, para decidir se construiríamos uma parede corta-fogo ou não; pelo jeito havia tempo para tudo. Não havia drama de nenhuma parte.

Para mim, a mensagem ficou clara: algo velho se acabara e algo novo havia começado... tranquilamente..."

Javier

Capítulo 24: O mundo do trabalho

Um padrão comum entre gêmeos solitários é trabalhar 'por dois', exercer duas carreiras ou duas profissões, em alguns casos inclusive ter dois trabalhos paralelos. Outro padrão parece ser o de não se permitir ter muito sucesso e desfrutar dos frutos de seu esforço laboral, inclusive chegando a situações em que, estando a ponto de conquistá-los, o sucesso é 'abortado.

A sensação de não merecer ou ter que ganhar cada dia de novo, o 'direito de viver' é uma outra característica bastante comum. Motivado pela crença interior de não ter o direito, tende a se esforçar continuamente a fim de ganhá-lo; isso acontece, principalmente no âmbito do trabalho.

Muitos gêmeos solitários se empregam nas áreas de prestação de serviços, seja como médicos, enfermeiros, psicólogos, terapeutas, serviço social, educadores etc. Para isto, contribui tanto o seu roteiro de vida, que os leva a querer socorrer e ajudar os outros, como também seu sentido empático, muito comum entre eles.

"Terminei em seguida minha carreira e, aos 20 anos já estava trabalhando. Sempre trabalhei muito, mas faz dez anos comecei uma nova carreira, a psicologia. Agora tenho um consultório, além de uma empresa própria. É como se eu tivesse que enfrentar tudo com coragem, e como se apenas uma vida não fosse suficiente".

Tomás

"Trabalho por dois e é verdade que tenho como alvo ir até onde eu puder chegar, mas parece que não mereço triunfar e ser feliz. Nos trabalhos de Gestalt que tenho feito, sempre se repete a frase de 'eu não mereço', nem as coisas boas nem os presentes etc."

Olga

"Também sorrio ao pensar que tenho duas carreiras, duas pós-graduações (tudo relacionado com profissões de prestação de serviços, de cooperação e igualdade de oportunidades), duas datas de aniversário (a de quando nasci e a de quando me levaram para casa, depois de passar um mês na incubadora). Sinto-me melhor ao pensar que talvez seja por isso que as coisas me parecem demorar o dobro do tempo e do esforço para atingi-las, e os processos de sofrimento duram tanto tempo em meu caso. No que toca o lado profissional, em geral trabalho em funções onde faria falta ter mais uma outra pessoa, mas levo adiante o trabalho sozinha".

Laura

"No campo de trabalho sou muito esforçada, trabalho por duas ou três pessoas, nas horas e dias que fazem falta, tenho muita energia. Para mim não importa qual seja o trabalho, sempre e quando tenha uma pessoa ao lado para ajudar, solucionar seus problemas, organizar a vida. Por isso, trabalhei muitos anos como secretária, sempre como a sombra de uma outra pessoa; não deixei de viver a minha, mas grande parte de minha energia dedico a essa outra pessoa que, não é qualquer pessoa, é uma pessoa pela qual tenho afeição, respeito profundamente, cuido dela, etc.

Atualmente dedico-me a um outro trabalho, mas sempre com uma equipe para a qual trabalho, para a qual dou apoio, imersa sempre em suas vidas, até o ponto de viver seus problemas, suas dores, suas sensações como se fossem minhas próprias, tanto o bom como o mau. É claro que isso exige muitíssimo de minha energia e, por isso, de tempo em tempo me isolo, porque não aguento mais.

O tema dos êxitos passageiros e sem continuidade é algo que me acontece, mas faz bem, não desisto de seguir adiante! Surgem outras oportunidades, mas em vez de continuar com essa energia tão boa, descanso, e volto a cair em tristeza, e assim é um recomeço a cada três meses... uns meses bem, outros, mal; e assim, vou passando os anos".

Ana

Capítulo 25: Hábitos Cotidianos

Temos observado que há certos hábitos comuns a muitos gêmeos solitários. Por exemplo, aproximadamente a metade deles menciona sua maneira de comprar certos objetos aos pares. Outros preparam, de hábito, muita comida ou bebida. Para alguns, a decoração tem que ser simétrica para se sentirem satisfeitos e em harmonia. Igualmente, falam da dificuldade de encontrar um lugar apropriado, como um lar onde possam finalmente deitar raízes, e encerrar sua busca.

Nestes hábitos pode-se ver o vestígio inconsciente da experiência gemelar. Representam a memória implícita, este tipo de memória que não assume a forma de lembrança consciente, mas que está gravada na psique e no corpo, e se manifesta em atos aparentemente simples e naturais, mas que, ao observá-los de certa perspectiva, falam por si mesmos.

"Agora me dou conta de que sempre desenhava as coisas em simetria (era uma necessidade), que se eu desenhasse uma flor em um lado da folha, teria que desenhar uma outra igual do outro lado e, assim, com um coração ou o que quer que fosse, o desenho tinha que ser simétrico, ou eu me sentia mal, era incômodo, parecia que faltava alguma coisa.

Sempre comprei coisas de duas cores iguais: sapatos, bolsas, roupas, peças de decoração são sempre em pares etc".

Olga

"Estou surpresa de como não me dei conta até hoje do meu apego exagerado a todas as coisas em pares: sapatos, meias e brincos (poderia abrir uma loja). Tenho meias sem par, em cima da cama, durante todo o ano, mas não perco a esperança de encontrar aquela que falta (não entendo como as perdi). Com os brincos acontece a mesma coisa.

Quando estive em Au Pair na França, em uma casa com seis crianças, onde havia uma caixa enorme com meias sem um pé, e eu passava horas descobrindo os pares, para deixá-los bem juntinhos.

Nas férias em que estive na Noruega, e no cruzeiro, eu tomava sopa (gosto muito, é reconfortante) duas vezes, como faço sempre em casa (sempre faço ração dupla, embora esteja só); é claro que, para os outros, isso não lhes parecia muito normal".

Sara

"Cada manhã preparo dois cafés com leite, um é para mim, e o outro, não".

Ainhoa

"Sempre vivi em movimento, fiz mais de 18 mudanças e embora agora eu esteja mais tranquila, continuo buscando o meu lugar".

Elena

"Me mudo com frequência, nestes sete anos mudei-me cinco vezes e vou indo para a sexta! Me mudo muito de lugar".

Ana

"Quando estou feliz, me acho culpada. Quando tenho alguma coisa quero compartilhar com alguém mais. Gosto de cuidar dos outros, de mim, não. Muitas vezes compro dois (ou mais) exemplares da mesma coisa.

Não ter uma moradia ou um espaço explícito para hóspedes é, para mim, impensável. Eu o tinha sempre, embora de tamanho limitado e muito modesto. No campo, entre o círculo de meus amigos, ninguém tem, nem se preocupa com o assunto".

Daniela

Capítulo 26: Três depoimentos

Os três depoimentos seguintes foram incluídos na sua quase totalidade, porque ilustram de maneira exemplar, e com uma visão mais geral, como o fato de ser um gêmeo solitário se manifesta nos múltiplos ambientes da vida da pessoa. Com a inclusão destes depoimentos queremos evitar que o leitor fique com a impressão de que o vestígio que deixa esta vivência aparece apenas em algum aspeto pontual. Ainda que cada história seja diferente e única, elas têm elementos em comum; todavia, vários dos aspectos que aqui se expressam também poderiam ter sido incluídos em capítulos anteriores.

No caso da história de Carolina aparece também, de modo claro, que nem tudo teve sua origem somente na morte do gêmeo, mas que outros acontecimentos que aconteceram mais tarde na vida, podem igualmente ter muita importância, batendo às vezes na cabeça do mesmo prego.

"Sempre, desde pequena eu montei os brinquedos sozinha, tinha meu amigo invisível, mas como era uma dualidade, era como se eu mesma fosse o meu amigo invisível, achava que estava, deveria estar louca! Falar comigo mesmo, isto eu faço até hoje. Não sei se acontece com todas as pessoas, mas eu travo uma luta, dentro de mim, entre as minhas duas 'Ana' que não se poderia imaginar. Em um momento predomina a minha Ana real e em outro a Ana virtual, por assim dizer.

Minha casa e meus animais, de quem eu cuido, são como se fossem meus filhos, como crianças pequenas, são o meu mundo, e excluo deles todas as pessoas, até o meu parceiro. Este mundo é tão real que é como se fosse paralelo com aquele em que vivo com as outras pessoas, num instante posso estar em um ou no outro, e transito entre eles intermitentemente. Isto funcionava bem até há pouco, quando me dei conta de que tudo isso está bem, por um pouco de tempo, mas não de forma permanente, porque estou me transformando em uma ermitã.

Isto me afeta sobremaneira durante o trabalho, pois não quero ver ninguém, todos têm defeitos, muito pouca gente me agrada, sou extremamente seletiva e minhas relações costumam ser poucas e selecionadas. Incomodo uma outra pessoa até deixá-la sem ar e, se ela ainda não concorda, tomo isso como se fosse uma traição, uma sensação de abandono. Tenho um grande receio de separação; tudo isso me parece um mecanismo de defesa contra os outros e, em vez de me aproximar, me distancio e me mantenho fria, a fim de não me incomodar e acabar sofrendo. Nada disso está bem, eu sei, mão não consigo saber como mudá-lo.

Sempre senti a ausência de alguma coisa, não consigo ser totalmente feliz, apesar de que eu tenho uma vida muito boa. Sinto uma enorme adoração por gêmeos e, em minha família, tem havido pelo menos um em cada geração. E sempre quis tê-los! Minhas amigas me dizem que é uma loucura ter dois filhos ao mesmo tempo, que dão muito trabalho, que me deformariam o corpo. A mim não me importaria, nem me importa nada disso, tenho a grande ilusão de poder tê-los quando engravide e estou consciente de que, pela genética, existe esta possibilidade".

Ana

"Tenho me lembrado de coisas, as quais, como adolescente, eu gostava de imaginar, que meu irmão, dois anos mais velho, era meu irmão gêmeo. Ele era um pouco baixinho, quando eu tinha 11 ou 12 anos, e eu já tinha começado a espichar, e ele não, assim que éramos mais ou menos da mesma altura; quando andávamos pela rua ficava próximo dele e tinha vontade de que as pessoas nos considerassem gêmeos. Com este mesmo irmão, desde os meus 15 anos até os 19, compartilhei seu grupo de amigos, saía com eles nos fins de semana, escolhi frequentar a mesma escola, a fim de nos encontramos no bar durante a tarde. Foi uma época feliz, talvez das poucas que desfrutei, quando não tinha esse sentimento de que me faltava alguma coisa.

Parece-me estranho que, tendo a oportunidade de me divertir com um gêmeo, eu não o tenha feito com minha irmã, com a qual tenho um ano de diferença e com a qual eu estava todo o tempo.

Quanto a outros sentimentos mais profundos e determinantes, posso te contar que, quando meu irmão morreu, parece-me que eu não o sentia da mesma maneira que meus outros irmãos. Eles estavam tristes, eu estava triste, mas sobretudo, estava angustiada, e essa angústia durou vários meses, sofria de taquicardia, me faltava o ar, tinha dores de cabeça muito fortes e tive alguns ataques de ansiedade, principalmente quando estava em um grupo.

Sobre grupos, realmente não é para mim a situação de que eu goste muito, as conversas me aborrecem e podem até me irritar de verdade. Sinto-me muito bem se, estando em um grupo, houver alguém bem próximo, me aborrecem as conversas e podem até mesmo me irritar de verdade. Sinto-me muito bem se, estando em grupo, houver alguém próximo a mim, literalmente encostado em mim. Acabo de me lembrar de uma reunião de amigos em um bar, onde estávamos muito apertados e eu estava ombro a ombro com um amigo, aí sim me sentia ótima, inclusive achava boa a conversa. Quando ele foi embora, comecei a me aborrecer e, um pouco depois, fui-me embora também.

Mais coisas: os lugares pequenos e fechados, dos quais não posso sair, me produzem ansiedade, por exemplo, uma roda gigante, ou uma atração na Disney: um submarino pequenininho, redondo, aparentemente submerso no mar. Tive ataques de ansiedade nestes lugares, nos quais me imagino que vamos morrer enterrados ali, e creio que isso me acontece quando estou com alguém da minha família, e se não com eles, não me produz esse terror da morte. Quando eu era pequena, nas viagens de automóvel - cinco pessoas no assento traseiro de um Seat 850 - sempre enjoava e vomitava, invariavelmente, e só podia evitá-lo quando não havia curvas e eu pudesse ficar na janela.

Muitas vezes achei que a única solução para isso era mesmo morrer, não sei bem ao que corresponde esta ideia, acho que é o de não poder resolver os problemas de meus irmãos e meus pais. Há muito tempo que me dei conta de que apesar de achar que a vida poderia ser maravilhosa para mim, tenho períodos e momentos em que me falta alegria e me roem temores de muitas coisas ou de uma coisa qualquer; sempre pensando que o que virá será melhor, e vivendo pouco o presente, postergando a felicidade.

Quando era estudante, vários professores me disseram que eu poderia ser brilhante e que não me permitia isto, e eu me sentia exatamente assim. Parece-me muito mais fácil sentir-me culpada, ficar comigo mesma e postergar minhas aspirações para o fim. Em meus relacionamentos sentimentais entrego-me até desaparecer para mim mesma, e sinto que não me amam, nem de verdade, nem o quanto eu mereço.

Desde pequena sempre tive pesadelos; em meus sonhos era perseguida ao fazer uma curva ou subia umas escadarias, fugindo de alguma coisa, e quando chegava a um ponto em que faltava um trecho da escada, ou a casa estava em ruínas e continuar era muito arriscado.

Faz anos que sofro de dores de cabeça que me atacam nos fins de semana, somente quando tenho tempo livre e apenas para mim. Me é muito difícil relaxar ou ficar sem fazer nada e, na realidade, posso trabalhar como se fosse duas pessoas e, é verdade que, quando paro de fazer um trabalho, a pessoa que me substitui encontra muita dificuldade para fazer tudo o que eu faço; porém, não me dou importância, nem tenho sabido ganhar muito dinheiro, na verdade, quase nunca consigo ganhar o suficiente para cobrir minhas despesas e as de minha filha, só o justo; por sua causa, trabalho em dois lugares.

Desde que saí da cada de meus pais, aos 23 anos, troquei de casa umas dez vezes e, em nenhuma delas, senti que fosse a minha casa para sempre, embora isso não me aborreça muito.

Para não ir mais longe, te direi que apesar de não assimilar a possibilidade de ter tido um gêmeo, acredito que, se isso fosse verdade, muita coisa poderia ficar explicada. Faz tempo que eu sinto que me faltam dados sobre minha família, para compreender cada um dos seus componentes, mas, continuam faltando peças, isto me ajudaria a compreender-me que, até agora, é a que menos compreendia".

Maria

"A gravidez de minha mãe não chegou até o final, nascemos aos oito meses, com muito pouco peso, e logo depois de nascer, fiquei sabendo, fomos colocadas em incubadoras. Foi então quando Moni morreu. Ao que eu sei, eu pesava um pouco mais do que ela, pesava 1,250 kg. Acredito que ela não resistiu e se foi. Meu avô materno dizia que eu cabia em uma caixa de sapatos, de tão pequena que era. Imagine a Moni. Também enfrentei alguns problemas em meu desenvolvimento como: problemas com as amídalas, tive sarampo duas vezes e sempre estive doente, de uma coisa ou outra.

Poucos dias depois de nascer a Moni, faleceu a minha avó. Minha mãe não conseguia me atender muito bem, porque às vezes estava doente, hospitalizada, e coisas assim. Ela morreu depois de um ano, dois dias depois do dia em que nascemos e, poucos meses depois meu pai se casou e foi viver em outro lugar.

Lembro-me claramente que meu avô materno me dizia que eu tinha me tornado uma menina muito chorona, de fato, até hoje choro por qualquer motivo. Isso era incompreensível para todo mundo e, às vezes, tenho que fazer um enorme esforço para não chorar 'sem motivo aparente'.

Durante a infância, sentava-me na escada, olhando para a rua, esperando que minha mãe e minha irmã chegassem, e até hoje continuo a esperar por elas...

Nessa ocasião, minha avó me tinha dado uma boneca, que conservo até hoje e sempre está em cima da minha cama, mais conhecida como 'a Pecas'. Eu a tenho há pelo menos 35 anos e não admito que ninguém a toque ou brinque com ela; às vezes lhe dou um banho e troco sua roupa, mandei confeccionar-lhe uns vestidos; já não tem sobrancelhas do olho direito. Entretanto, é minha eterna companheira e assim que a vejo, porque ela tem estado comigo, converso com ela e às vezes chego a brincar com ela. Mesmo com a idade em que estou, em certas ocasiões dorme comigo.

Lembro-me de brincar sozinha durante o recreio ou pensar que ao chegar em casa minha mãe e minha irmã estariam brincando e me convidariam para brincar com elas.

Quando criança tinha a ideia fixa de que eu era culpada pela morte da Moni e também a da minha mãe; sentia-me muito responsável por elas terem partido, apesar de não ter recordações delas. Cresci assim, ninguém me falou nisso, ninguém comentou, ninguém sugeriu, ninguém nada, eu apenas acreditei e, de repente, me veio essa ideia que foi incorporada, e tenho vivido com ela. Também não está claro para mim se ainda a tenho ou se já a descartei.

Em muitas ocasiões faço as coisas porque 'tem que ser feitas', não porque sinta que é necessário fazê-las. Não tenho qualquer medo da morte como muitas pessoas, às vezes a convido com o pensamento, mas continua não vindo.

Durante toda a minha vida senti uma profunda tristeza, às vezes mais forte do que em outras, por momentos entretive a ideia de suicídio como uma opção, a fim de encontrar (sem saber) o que estava procurando.

Não me lembro desde quando, mas o que tenho claro em minha mente, é que estive envolvida numa eterna busca espiritual, talvez pela necessidade de encontrar em um Ser supremo a resposta para este eterno vazio que não se preenche com nada. É um vazio infinito, grande e escuro.

Minha vida de trabalho tem sido um verdadeiro tormento, assim como a minha vida amorosa, não encontro um lugar adequado no mundo do trabalho, nem no de parceria. Pulo de um trabalho para outro, fico um tempo e depois me canso, me aborreço, me desespero e saio dele; embora fique sem trabalho, como agora, não me importa.

Em assuntos de companheiro, também estou mal. Não tenho companheiro estável. O homem, a quem acreditei ter amado mais, digamos que não foi embora, mas que se casou, e mesmo assim, continuo com ele, e isto já dura vários anos. Em alguns momentos, acreditei que isso 'era natural', pois que 'não me entende' ou diz que eu 'o asfixio".

Hoje me visualizo como uma pessoa estática, imóvel, sem filhos, sem companheiro, sem muita vontade de viver. Pelo simples fato de não ter e não encontrar o que estou procurando, a Moni, desde que nasci.

QUARTA PARTE
SOBRE A PERDA DA INTEGRAÇÃO

"Graças à vida que - apesar de tudo –
sempre nos impulsiona a seguir adiante! "

"O processo transformador de um trauma até o despertar
oferece a possibilidade tangível de um ser mais completo
do que antes do acontecimento devastador".

Peter Levine

Algumas pessoas sempre souberam que são gêmeos solitários, entretanto muitas outras, não. Esta descoberta costuma ocorrer em algum momento, quando a pessoa busca por ajuda ou explicação para certos problemas ou dinâmicas de sua vida. O fato de saber, para muitos, faz uma grande diferença e, por sua vez, marca o princípio de um processo de cura e integração que, embora varie de pessoa para pessoa, tem certas características similares a todos. Queremos dedicar esta parte do livro explorando este processo, e o que uma pessoa pode fazer para curar esta ferida profunda em seu ser, e integrar-se ao gêmeo morto que existiu em sua vida.

No primeiro capítulo ouviremos mais uma vez a experiência de pessoas que passaram por este caminho. Aqui, novamente, os depoimentos ilustram a maneira magnífica e em grande detalhe, este desenvolvimento, em suas várias facetas. No segundo capítulo elaboramos nosso entendimento do que temos aprendido a observar ao longo dos anos, como as pessoas passam por este processo de cura. O terceiro capítulo foi dedicado a outro aspecto, que nos parece de grande valor, tanto para os pais quanto aos terapeutas, que é reconhecer quando as crianças são gêmeos solitários e verificar como podemos ajudá-las a viver e integrar sua experiência.

Capítulo 27: Passos para a cura

Com a descoberta de gêmeo, geralmente se inicia um processo de integração da pessoa. É o primeiro passo, e muito importante, mas geralmente isto requer mais alguns passos a fim de chegar à uma compreensão e cura em profundidade como, por exemplo, o desenvolvimento de uma relação com o gêmeo, dando-lhe deste modo um lugar, ou passar por um processo de luto por sua perda que pode incluir um enterro simbólico. Pela última vez, desejamos ouvir as vozes de pessoas que estão avançando por este caminho e que ilustram, com suas palavras, este processo, o qual requer um tempo, frequentemente, vários anos.

O último depoimento que apresentaremos aqui é o resumo de um texto que foi escrito por uma participante de nossas oficinas de cura para gêmeos solitários, em que compartilha seu processo interior, ao longo dos anos. Sua capacidade de observar-se a si mesma e de registrá-lo depois no papel, nos permite participar da complexa realidade do gêmeo solitário e de seu processo de cura. O depoimento completo, muito mais extenso, pode ser encontrando em nossa página web (www.gemelosolitário.net). Aqui colhemos apenas algumas ideias e fragmentos especialmente significativos, em relação ao que temos exposto na sequência deste livro. Permitimo-nos introduzir algumas modificações formais, com o intuito de facilitar a leitura e adaptar o texto às características desta publicação.

*"Quantas vezes, há muitos anos, me reconfortou profundamente (e continua reconfortando) imaginar-me na Sierra, sozinha, carregando num container muito especial, as cinzas de um ser muito querido, ver-me caminhando sem pressa, à vontade, com uma enorme sensação de paz, até um lugar com água, um ribeiro que desemboca em uma pequena lagoa de montanha. É primavera e tudo ao redor está cheio de flores. Vou acompanhada por **nossos** cachorros, que correm felizes, compartilhando a minha alegria. E chego ao lugar exato, no qual me sinto especialmente bem, só, em minha intimidade e a deste ente querido e, com uma doçura infinita, vou deixando cair*

de minhas mãos suas cinzas, que caem e se distanciam boiando pela corrente. Sinto-me profundamente triste e profundamente em paz, eternamente agradecida. E me sinto viva.

Esta é uma fantasia que tenho há muitos anos e que nunca soube a quem estou dizendo adeus. E me dou conta, neste instante, de que nunca foi preciso sabê-lo (uma coisa insólita comigo). Creio que agora eu sei, estou me despedindo de minha maravilhosa gêmea".

Rosa

"Compreendi muitas coisas, especialmente a razão da minha cura milagrosa. Quando fiquei sozinho no útero, não vivi, ao contrário do que sempre acreditei, a dor de uma perda irremediável, não, acredito simplesmente que eu não tinha consciência da morte. O que me aconteceu foi uma grande surpresa. Onde teria se metido? Em seguida, comecei a mover-me em sua busca, toda a minha atenção estava voltada para procurá-la. Quando me certifiquei de que não estava ali, me preparei para sair, convencido de que estava fora, aguardando-me. Curiosamente estava iluminado... assim que, o roteiro da minha vida era procurá-la, e a causa de todos os sofrimentos posteriores não foi tanto porque ela tinha me deixado, mas que eu havia esquecido do que estava procurando... assim que, quando a encontrei na Constelação, curei-me de imediato, porque a havia encontrado ... Mas a oficina me adiantou muito, muito além do fato de que a ferida estava curada e a compreensão do porquê da cura. Serviu-me para que eu ficasse consciente daquilo que era o verdadeiramente importante, que era o amor que eu tinha experimentado, um amor que está acima da compreensão de qualquer condição. Serviu-me também para compreender que o fim da busca - o roteiro de minha vida - converte-me em um ser livre para elaborar um roteiro novo".

Jorge

"Depois de um ano de tratamento, a terapeuta me sugeriu a possível existência de um gêmeo morto. Porém, embora a orientação que tivera durante o tratamento tivesse sido profundamente acertada, eu me negava a considerar a possibilidade de que a sugestão fosse viável. Gêmeos sempre me pareceram pessoas um tanto estranhas, incompletas, espelhos, metades complementares, seres pela metade e, com o tempo, chegaram até a me provocar uma profunda rejeição; pensar que eu poderia ser gêmeo de alguém me causava arrepios.

Pouco mais tarde, em outra sessão de terapia, a bolsa de playmobil caiu no chão e pensamos que havíamos recolhido tudo. No dia seguinte, enquanto fazia a limpeza, encontrei dois bonecos idênticos que não tínhamos visto ao recolhê-los, e me pareceu que não era algo casual.

Isto me levou a aceitar fazer uma sessão de terapia sobre os gêmeos e, com efeito, ali estava: não me recordo se houve bonecos, acho que não, mas lembro-me de uma visualização dirigida, em que consegui chegar até o ventre de minha mãe e ver e sentir um outro ser junto a mim e um profundo amor e, também, depois, uma escuridão repentina, que associo à sua morte, pois a visualização se bloqueou naquele ponto.

Dei-me conta da evidência, da veracidade deste fato. Minha primeira reação inconsciente foi muito difícil de viver, pois senti que, de repente, não sabia quem era, não tinha identidade, foi horrível, durou dois ou três dias; depois tive uma grande sensação de irrealidade do mundo que me rodeava; era uma sensação angustiante. Fiquei muito desajustado por um tempo e acredito que estive a ponto de sair atrás dele ou dela, pois depois de poucas semanas as sensações de perda e de irrealidade eram muito grandes e acredito que o que acontecia é que, inconscientemente, estava desencarnado, estava querendo ir-me embora. Então aconteceu um ponto de inflexão, de volta, e com o tempo, de aceitação e de elaboração do luto, em passos muito parecidos ao que você me sugeriu na oficina.

Hoje posso entender porque sempre estive procurando por minha alma gêmea, uma busca muito consciente, um desejo muito claro; lembro-me de quando criança (e também quando não tanto criança) de estar rezando e pedindo para encontrá-la; lendo, aos 25 anos, o

Banquete de Platão, e dando-lhe razão, convencido sobre a meia laranja; o forte sentimento de estar incompleto; a sensação de ser diferente, incompreendido; e nos últimos anos um profundo sentimento de solidão.

Tenho a sensação de que nunca estive bem encarnada, de que sempre tive um pé aqui e outro ali. De alguma maneira, ao estar ali a minha outra metade, uma parte de mim também estava, estava com ela, de um modo inconsciente. Durante um tempo, especialmente nos últimos dez anos, a minha percepção foi crescendo, sob a forma de profundas intuições ou certezas. Hoje vejo que durante estes anos eu percebia o mundo, mais através dela do que de mim mesmo. Jamais comentei isso com minha mãe, ela não é uma pessoa fácil, e ainda menos nestes assuntos, porque quando lhe perguntei se havia tido perdas em seu primeiro trimestre e me disse que sim, e que precisou ficar acamada.

Acredito que ela, a minha outra metade, me guiou até aqui. Acredito que o meu lugar está aqui e ela está lá e que me ajudou a descobrir sua existência, para que eu possa ter aqui uma vida mais plena. Agora, por exemplo, já não tenho mais aquela sensação de solidão nem a necessidade de uma parceira, vivo serenamente a este respeito. Cada vez percebo menos o mundo espiritual, agora vivo na terra, antes não vivia".

Susana

"Depois de participar da oficina com Pedro e Carmen, minha vida começou a ficar em ordem. Sou feliz, casei, e espero poder tornar-me mãe algum dia. Consegui arrumar um lugar para todos estes sentimentos que desconhecia e sentir-me mais leve. Saber que no ventre de minha mãe estive acompanhada ajudou-me a saber mais sobre mim mesma e minhas necessidades. Aprendi como relacionar-me com os demais e como conviver com o medo, a tristeza e a culpa. Sobretudo, o que mais aprendi é que nunca estarei sozinha, sei que alguém sempre está comigo".

Belén

"Desde que aceitei este gêmeo 'evanescente', minha vida mudou completamente. Desde que fiquei consciente de sua possível existência, o tenho carregado em meu coração, e aprendi a querê-lo bem todos os dias. O integrei em meu sistema familiar e agora parece que tudo faz mais sentido em minha vida.

É difícil explicar-te a minha situação pessoal porque aconteceu como 'por um ato de mágica', pois desde então me sinto mais plena, tenho uma felicidade por dentro e por fora, que as pessoas que me conhecem me vêm diferente, como se alguma coisa em mim tivesse mudado. Esse vazio que senti a vida inteira, agora desapareceu e passou a ser um sentimento de plenitude.

Além disso, já 'senti' que o sexo do meu gêmeo é mulher, tenho uma IRMÃ. Já a posso sentir, percebê-la e noto que, de certa maneira, ela está me protegendo. Antes, quando descobri sobre o gêmeo solitário, custava-me intuir o seu sexo porque ainda não a havia integrado em meu coração e em meu sistema familiar, mas agora não me resta a menor dúvida.

Silvia M.

"O fato é que a notícia de ser gêmea chegou à minha vida depois de uma constelação, no momento em que estava procurando por uma resposta ou solução mais ou menos definitiva e poder deitar raízes em algum lugar, sem a necessidade de ter que mudar-me novamente, depois de alguns anos. Assim que, informei-me e li sobre o assunto de gêmeos solitários e porque não me aventurei a iniciar o processo terapêutico. Estava farta de repetir sempre a mesma coisa e só tinha vontade de ficar bem. Fosse certo ou não, não poderia me prejudicar.

Depois de saber que sou um gêmeo solitário, pude entender as minhas dificuldades na vida. A partir do sentimento de solidão, a tristeza sem motivo externo aparente desde o tempo da adolescência, a vontade de suicídio, a busca espiritual, o pânico ao compromisso profissional e emocional, o sentir de não pertencer a nenhum lugar e o desejo de viver em cidades diferentes, a dificuldade de me aproximar de uma outra pessoa e ao mesmo tempo de separação. Definitivamente, isso não me permitia ser feliz.

Comecei um processo terapêutico e no transcurso deste tempo foram surgindo reações diferentes em meu íntimo. De início, desacerto e incredulidade, minha cabeça dizia uma coisa e meu coração outra, assim que, ouvindo o meu coração encontrei o nome de meu gêmeo, Alex. Depois, aceitei a situação e compreendi tudo o que havia ocorrido ao longo de minha vida; era a resposta a todas minhas perguntas sobre poder entender quem sou e o que faço. Aos poucos e muito paralelamente, senti amor pelo meu irmão perdido e o desejo de segui-lo. Pouco a pouco, o fui integrando dentro de mim e senti que nunca mais nos poderíamos separar. Assim, meu interior ficou em paz e com vontade que nunca antes havia sentido, de estar viva e VIVER.

Eva

"Sinto que toda esta busca, na qual já dispendi uns quantos anos e começou com lágrimas que me levaram a lugares que nunca havia antes imaginado. Tudo isto me permitiu ter uma visão muito mais ampla da vida e uma capacidade de compreensão muito maior, para entender o que me aconteceu. Ampliou os meus horizontes de resposta. É assim que estou sentindo.

Já posso dizer 'Graças à vida, que me deu tanto. Deu-me o sorriso e me deu o pranto', (porque sem o pranto não teria chegado até aqui). "

Laura

"Sei que um dia se foi, agora compreendo que para sempre, e que não se foi porque não me amasse, ou porque eu não merecia que ficasse a meu lado, foi-se simplesmente porque tinha que ir e, é verdade, sou uma metade. No sábado, na primeira meditação, voltei a ter a sensação de plenitude que tive ao iniciar a vida a seu lado. Foi uma intensíssima vivência de unidade, foi a sensação de 'unidade'... Por isso, quando se foi, não senti uma separação, senti um rompimento em meu ser. Quando Pedro falava sobre as metades das maçãs me parecia uma metáfora, mas não é exatamente o que eu sinto, por muito que contradiga a lógica, eu era eu quando tinha esse ser ao meu lado, éramos puro amor, éramos puro amor.

Por muito que tenha sofrido, não desejaria não ter sido sua gêmea, porque hoje não existo sem ela. Pode ser que outras pessoas pensem que estas são palavras vazias, mas vocês sabem que apenas estou falando do fundo do meu ser, da minha própria experiência como parte da união com um outro ser. Não o lamento, bem ao contrário, dou graças àquele que me criou, de tê-lo feito do jeito que fez, agora gostaria de encontrar uma forma de poder expressá-lo de maneira aceitável para quem não passou por esta experiência maravilhosa.

Hoje sei que ainda tenho que esperar por ela, porém mais de 42 anos depois, ainda estou à sua espera. Não sabia que era capaz de tanto amor.

Hoje fui ver o pôr-do-sol no mar. Vi como se apagava e desaparecia e estou certa de que, quando ela se apagou, o fez pouco a pouco e eu assisti tudo, a fim de reter a sensação de sua presença até a última vibração de seu ser, e sempre que me despeço de alguém a quem quero bem, procuro memorizar o último contato, o último olhar, seu cheiro ou seu último beijo e, agora entendo por que.

Creio que toda a minha vida esteve marcada pelo medo da 'angústia do vazio'. Embora esteja bastante claro para mim que isto está associado à perda de minha irmã gêmea, certamente outros fatores devem também ter reforçado esta sensação. Hoje já não espero receber esta paz de minha companheira (apesar de que neste momento não a tenha) nem de ninguém. Por esta razão estou sempre à beira desta sensação de vazio e a minha vida é mais árida; me é difícil sentir sossego e entusiasmo pelas coisas que acontecem. Acredito que enfrentar isto me fará desenvolver e superar este 'impedimento' que se criou num momento tão cedo em minha vida. Nesta aridez, procuro entrar em contato com minha irmã, senti-la; procuro também enfrentar a dor de sua perda e conviver com a dor.

Junto a isto, está a decisão que tomei no momento de sua morte: não colaborar com o desenvolvimento da vida em mim. Um 'não' para a vida. Esta decisão está deixando de ficar escondida em meu inconsciente, está saindo para a luz do meu corpo, em minhas decisões, em minha energia, em meus atos.... Sempre estive, mas agora vejo cara a cara e soma-se com a aridez que acabei de mencionar. Apesar disso, a vida me impulsiona com uma força incrível, me dá tanto! Se me oferece tanto amor e tanta atenção; possuo tantas ferramentas ao meu alcance e tanta capacidade de ver o que é belo... Aqui também observo... e procuro apoiar cada impulso na direção da vitalidade... e procuro lembrar-me daquela sensação de união com ela, quando vivia imersa na energia amorosa...

Quem sabe este processo me tornará capaz de receber e dar, de participar no 'intercâmbio de mãos cheias' (expressão de Bert Hellinger). Mas deixo que o processo siga seu ritmo e procuro aceitar e estar de acordo com o que me cabe".

Pablo

"Sempre me havia sentido acompanhada de uma estranha sensação de precariedade, de 'estou ao ponto de desaparecer', de dúvida existencial. Em minha vida, eu o encontrava refletido de modo particular em minha aversão pelo compromisso a longo prazo - fosse uma formação, um trabalho ou inclusive o meu próprio casamento - e na dificuldade de tomar decisões, planejar e escolher uma direção. A sensação de 'agora é tarde demais' sempre me acompanhava.

Através da experiência vivida na primeira oficina, pude dar-me conta de muitíssimos bloqueios e padrões recorrentes durante minha vida e, pela primeira vez, me foi possível plantar uma semente, a fim de que, a partir daquele mesmo dia, as coisas pudessem tomar outro rumo.

Uma das mudanças mais significativas que experimentei foi a relação como o meu íntimo e com a minha feminilidade. Sou uma mulher, e isto que me parece tão evidente, nunca o tinha sido para mim; de alguma maneira sempre havia me sentido mais um homem do que mulher, na forma de relacionar-me com as outras pessoas, no modo de viver durante o trabalho, na maneira de encarar a vida. Quando eu era menina, cortava o cabelo de modo a ser parecido com um menino e, inclusive, muitas pessoas ficavam pensando se eu não seria lésbica; e, embora sempre fosse claro de que gostava dos meninos, vivia com uma estranha sensação de culpa. Tive mais amigos do que amigas e muitíssimas vezes me perguntei, diante do espelho, incomodada, porque havia nascido mulher.

Agora entendo um pouco mais de onde isto poderia se originar. Meu gêmeo era um menino e eu queria viver por ele: ser um homem, trabalhar como um homem, fazer as coisas como fazem os homens, mas não podia deixar de sentir esta fratura em mim e de me perguntar, quem sou na realidade, e onde está Micaela.

Não me recordo de como aconteceu, mas é verdade que, desde o trabalho com o meu gêmeo, consigo sentir-me e escutar-me melhor; agora reconheço esta outra voz como algo que vem de fora de mim e aprendi a distinguir quando fala o meu lado masculino; e, por outro lado, é um padrão muito arraigado e mantém seu eco em meu interior, dou-me conta bem claramente de que não sou homem, e acho muito bom que não o seja. E, claro, a raiz deste movimento relativo a mim e a minha feminilidade, alterou ostensivamente a minha percepção da vida e meu relacionamento com os homens e mulheres.

Até a minha relação com meus pais foi atingida pelas mudanças. Eu sempre havia me sentido um pouco distante, embora estivessem sempre presentes, e eu não achava qual era a explicação disso. Era como se eu não pudesse me aproximar demais, nem física nem emocionalmente, apesar do amor que sentia por eles. Durante os meus anos de terapia, cheguei a identificar um momento em minha infância em que poderia ter ocorrido 'o corte', e a explicação fazia sentido, mas me era totalmente insuficiente para mim, e eu estava certa de que deveria ser algo mais.

Durante a oficina me dei conta de que o sentimento de culpa pela morte de meu gêmeo era tão forte e a vontade de continuar com ela, tão grande que, na verdade, não queria continuar vivendo. Foi uma revelação muito difícil de entender, de que não foram os meus pais os que interromperam o amor dele para comigo, mas que eu, durante toda a minha vida, tinha sido incapaz de assumir. Hoje, finalmente, posso olhá-los nos olhos, reconhecer esse amor e aceitá-lo. Foi uma mudança espetacular, muito especialmente com minha mãe.

Outra área da minha vida que foi profundamente alterada foi a minha relação de parceria. Sempre me cansei de todos os meus parceiros porque não me davam o que eu queria, porque não conseguiam preencher meu vazio, porém, por outro lado, eu nunca soube como lidar com as rupturas e as separações, de modo que algo assim como 'fico insatisfeita porque não posso ir-me embora' é uma sensação que me acompanhou sempre, com meus parceiros, meus amigos e no trabalho, e me trouxe muito sofrimento.

Por outro lado, sempre tive muita vontade de ser independente, como se desejasse alguma coisa que não podia alcançar.

Após o trabalho com o meu gêmeo, descobri que a simbiose perfeita que vivi com meu irmão nunca mais irá se repetir e que não posso exigir do parceiro alguma coisa que ele, simplesmente, não poderia me dar. Por outro lado, isto de não poder me separar de um parceiro que não tem mais razão de ser, e poderia se originar nessa separação forçada de meu gêmeo, o que eu não desejava repetir.

E com esse novo modo de ver e esta nova consciência posso hoje reconhecer todas as vezes em que estive fazendo a mesma coisa durante toda a minha vida: agarrar-me a alguma coisa que eu sabia que estava morta - uma relação amorosa ou de amizade, um trabalho que já não satisfazia, um apartamento, um automóvel - e continuar obstinada no lugar, sem poder desligar-me disso, mesmo sentindo claramente que isso não era mais para mim, ao mesmo tempo que renunciava a novas oportunidades que apareciam diante de meus olhos. Talvez esta tenha sido a descoberta mais impactante que ocorreu na oficina. Agora me sinto mais livre, mais forte. Olho para o meu parceiro e reconheço que é uma outra pessoa em relação a mim, que nos completamos, sem ser espelhos e que o fato de termos gostos diferentes não tem por que afetar o nosso relacionamento. Assumo mais espaços e fico feliz com isso, não sinto que vou morrer e, ao contrário, penso até que poderíamos vir a nos separar algum dia.

Algo parecido aconteceu em relação às minhas amizades; sempre procurava a amiga da alma, a amiga inseparável, perdendo assim toda a autonomia e cansando-me comigo mesma, por essa causa. Agora também, como sei de onde pode vir este impulso, sinto-me mais livre e independente.

Finalmente, quanto à minha relação com a maternidade, sempre pensei que não teria filhos, nunca me senti capaz e ficava com muito medo quando pensava nisto. Depois da oficina, me dei conta de que a minha incapacidade estava muito relacionada com a minha sensação de não ter amado minha mãe o suficiente e com o medo de que poderia acontecer a mesma coisa com um filho meu. E a mudança foi incrível, porque pela primeira vez abri a porta para a possibilidade de ser mãe... e de ser uma boa mãe. E esse era um pensamento impossível, até de conceber.

E se a primeira oficina foi de descoberta, na segunda, através do trabalho de meus companheiros e de meu próprio trabalho, senti como se o fato de ter sido gêmea houvesse condicionado toda a minha vida. Agora, tenho menos medo do futuro e uma profunda confiança, graças a ter vivido a experiência deste outro lugar e de ter tido tempo de amadurecer a minha relação com o meu gêmeo. Cresci como pessoa e me conectei com uma parte de mim mesma que eu mesma desconhecia a menos de dois anos atrás. Meu agradecimento é imenso, e o caminho que está aberto diante de mim é longo, com a diferença de que agora tenho muita vontade e muita ilusão para vivê-lo".

Micaela

Capítulo 28: O caminho até a integração

Neste capítulo iremos descrever as diferentes etapas que se sucedem no processo interior de um gêmeo solitário, quando empreende sua caminhada para a cura. É um resumo daquilo que pudemos observar durante muitos anos, tanto no processo terapêutico com nossos clientes, bem como em nossa própria vida. Isso não quer dizer que para todos os gêmeos solitários tenha que ser exatamente assim, porém acreditamos que o que for discutido aqui, poderá servir como um mapa de diretrizes, sugerindo uma orientação para pessoas afetadas, para trilhar um caminho que demandará tempo, muitas vezes vários anos.

Queremos dizer também que, embora apresentemos este processo de maneira estruturada, em diferentes fases ou etapas, na realidade única de cada pessoa, este processo não é, em absoluto, linear. Pode acontecer perfeitamente que, uma pessoa se mova para a frente e para trás na estrutura que esboçamos, ou que fases diferentes ocorram simultaneamente. A nossa intenção aqui é sinalizar aspectos diferentes que nos parecem relevantes na hora de integrar esta experiência.

Como ponto inicial, diremos que, a fim de que a cura possa ocorrer e seja uma experiência integradora, é importante que o gêmeo solitário abra, conscientemente, espaço dentro de si mesmo para os diferentes aspectos do processo, como por exemplo, passar pelo luto ou recuperar a própria identidade. De igual modo, será necessário dar as boas-vindas ao gêmeo e descobrir esta relação em seus múltiplos aspectos, antes de poder despedir-se dele.

1. O primeiro passo é a descoberta de que ele é um gêmeo e qual o significado que isso tem em sua vida. A grande maioria dos gêmeos solitários não sabem que o são, sentem-se diferentes e não entendem por que. Muitos sentimentos, vivências e hábitos lhes parecem incongruentes, fora de contexto, de maneira que a descoberta de ser um gêmeo pode ser o ponto de partida entre o

antes e o depois. De início, começam a dar-se conta da importância deste fato: tiveram o primeiro relacionamento de sua vida com o seu gêmeo, inclusive antes que com sua mãe, e ter vivido em união com ele e, posteriormente, ter sofrido sua perda, marca a pessoa de forma decisiva e influi necessariamente em seu 'roteiro de vida'. Velhos e constantes sentimentos de solidão, anseio, melancolia, tristeza, enfado, culpa e a sensação de que lhe falta algo ou alguém podem ter aí a sua origem. E, imediatamente, o que antes eram peças desconexas por si mesmas, começam a fazer sentido e surge uma nova maneira de compreender a sua própria realidade. Para algumas pessoas, o simples fato de saber que são gêmeos, lhes traz um grande alívio; a compreensão do que isso significa, traz para eles um sentimento de estarem completos.

2. Da suspeita para a certeza, é o segundo passo. Com frequência, a pessoa sente-se em dúvida durante um tempo, se realmente é um gêmeo ou não, e se isto tem algo a ver com suas dificuldades na vida. Embora explique muitas coisas, pode parecer às vezes, estranho demais. O fato de que, em nossa sociedade em geral e no mundo da psicologia em particular, até agora o tema sobre o gêmeo evanescente tem sido pouco conhecido, tampouco tem ajudado a fazer com que as pessoas afetadas possam se compreender. Indubitavelmente, é preciso informar e conscientizar mais a respeito disso. E a isso, acrescentamos ainda que, em geral, não havendo provas biológicas que avalizem esta suspeita, como por exemplo, a existência de alguma ecografia precoce, entende-se que durante um pouco de tempo, surjam essas dúvidas. Aqui, a própria pesquisa se torna importante pois, se for aprofundada, a pessoa descobre mais coisas ainda. Somente a própria pessoa sabe a verdade sobre sua própria história, a qual permanece armazenada em sua memória celular e em sua memória implícita. Então, indícios, tais como os próprios padrões de comportamento, sentimentos, lembranças, sensações corporais, sonhos, desenhos, contos e poemas, qualquer informação sobre a gravidez e o parto, etc irão

penetrando cada vez mais, até o ponto em que se dissipam todas as dúvidas e se acaba aceitando a existência do gêmeo.

3. Uma vez que tenha a clara consciência da existência de um gêmeo, é importante estabelecer uma relação com ele. A forma concreta que vai assumir esta relação será diferente para cada pessoa, mas em geral, implica dar-se conta de que alguém muito próximo e querido, objeto da saudade durante muito tempo, fica presente e é possível relacionar-se com ele, sentindo-o e até falando com ele. É importante, assim mesmo, dar-lhe um nome, criando sua própria identidade. Inclusive, pode ser de ajuda, durante um certo tempo, colocar um boneco de pelúcia ou um cobertor na cama, que o represente, pois assim se facilita, por meio de sensações corporais, o acesso a certas lembranças. Desde modo, uma pessoa entra em contato e estabelece uma relação com sua 'alma gêmea', a qual, até então, buscava sem sucesso, no mundo exterior.

Neste contato despertar-se-ão alguns sentimentos que também podem variar de uma pessoa para outra. Muitos gêmeos solitários vivem esta relação inicial com ambiguidade, entre o anseio e o medo, o amor e a dor, e isso nada mais é do que o reflexo de suas lembranças mais profundas e antigas: a união íntima e a perda desoladora. Alguns abrigam também sentimentos de raiva ou culpa. Porém, uma vez superado o medo e, ultrapassada a lembrança dolorida da separação de então, entrega-se ao encontro amoroso com seu gêmeo e, pela primeira vez, preenche a lacuna em sua alma, a qual sentiu durante toda a vida e, agora sim, se sente completo. A busca chega ao seu final. A partir daí essa relação continua se fortalecendo, até que a experiência de bem-estar no contato com ele mantém-se estável.

4. O reconhecimento do gêmeo é transcendental porque lhe permite começar a se separar e a se diferenciar do irmão. Se este já é um processo necessário para os gêmeos quando os dois estão vivos, é tanto mais necessário para os gêmeos solitários, porque da identificação com o irmão morto resultará uma capacidade

diminuída, às vezes de forma extrema, de viver e desfrutar a própria vida. Nesta diferenciação pode-se começar a distinguir os sentimentos próprios e os outros. Assim, por exemplo, sensações como a de ser invisível, não ocupar lugar, ser ignorado, querer desaparecer, (deveria) estar morto, etc têm muito a ver com a experiência de gêmeo e não com a sua própria, de modo que reconhecer a sua existência e poder diferenciar-se dela, faz o enredo emocional começar a se esclarecer e surge uma clareza maior na compreensão de si mesmo.

Este também é o momento em que se revisam certas crenças, formadas naquele período inicial, sobre si mesmo e sobre a vida. A fim de apresentar um par de exemplos, partindo de um 'eu sou o culpado, não fiz tudo o que podia para retê-lo' chega-se a 'sou inocente, porque não estava em meu poder, eu era demasiado pequeno'; ou de um 'se foi porque eu sou mau, não sou digno de ser amado' evolui-se para 'se foi porque era seu destino, e reconheço o profundo amor que nos une'. É como se alguém tivesse usado óculos escuros durante toda a vida, as quais lhe limitaram a visão do mundo e de si mesmo; e ao revisar estas velhas crenças, alguém pode, finalmente, retirar esses óculos.

Neste ponto muitas pessoas falam em começar a olhar a vida com novos olhos, ou ter vontade de 'viver de verdade', pela primeira vez; sentir-se também presente e, de finalmente, encontrar seu verdadeiro lugar.

Podem também contribuir para esta nova compreensão, experiências terapêuticas, como uma regressão ou uma constelação familiar, na qual se pode sentir como o irmão que morreu não abriga nenhuma recriminação, senão o amor ao seu gêmeo sobrevivente. E, desde modo, não se apoia apenas em uma reflexão mental, porém, ao vivenciá-lo, transforma-se em uma experiência salutar também a nível emocional e corporal.

5. O passo seguinte é unificar a vida exterior e a vida interior. Muitos gêmeos solitários passaram sua vida ausentando-se, por assim dizer, por exemplo, através de uma dependência do

trabalho, constantes mudanças de casa ou de emprego, uma fuga das relações de proximidade, uma busca espiritual, ou depressão - procurando assim seu gêmeo perdido. É como se no mais profundo de seu ser, sentisse que estar em companhia de seu gêmeo significaria alhear-se do mundo ou vice-versa. Por meio desta unificação, o gêmeo fica sabendo que o seu irmão o acompanha sempre e que participar de outros relacionamentos não significa traição. Finalmente, não terá que decidir-se entre dois amores.

6. Em algum momento, torna-se consciente de que está bem e está tranquilo e em paz com seu gêmeo. Entretanto, é bastante possível que, em seu íntimo, permaneça um bebezinho que ainda não nasceu, o que presenciou a morte de seu irmão gêmeo, o que ficou em estado de choque, ou que sentiu uma enorme tristeza, solidão e incompreensão. Agora é preciso consolá-lo e amá-lo até que essa criança interior que a pessoa foi, sinta-se realmente reconfortado e seguro. A pessoa adulta que somos hoje pode assumir este pequeno ser, ninguém o compreende melhor, ninguém mais pode oferecer-lhe este tipo de consolo necessário ou explicar-lhe em detalhe o ocorrido. Cuidar deste lado de uma pessoa é um aspecto importante do processo.

Um bom complemento desta fase pode ser um tratamento adicional, através de um método da cura do trauma, como por exemplo, Brainspotting, EMDR ou Experiência Somática, para modificar as recordações gravadas, dissolver os bloqueios emocionais e energéticos no corpo e recuperar a energia represada. Um tratamento deste tipo pode contribuir para que uma pessoa viva mais no presente e, desculpando a redundância, ganhe presença.

7. Ao final, descobre-se que, na relação com o gêmeo, existe um aspecto de vida e outro, de morte. Do mesmo modo que, quando ficamos com mais velhos, nossos pais continuarão sempre vivos dentro de nós, apesar de terem morrido, quem sabe dezenas de anos atrás, assim também acontece com o gêmeo, sempre existirá uma relação 'viva' com ele.

Entretanto, ficou gravado no corpo a memória de ter convivido durante um certo tempo com o corpo morto do gêmeo, até que ele desapareceu, ou por ter sido reabsorvido pelo organismo da mãe ou porque chegou o momento do parto. E raramente ocorreu um funeral, ou existe um túmulo. Neste sentido, pode ser de benefício despedir-se do corpo morto do gêmeo, por intermédio de algum ritual ou de um enterro simbólico. Um ato assim representa um gesto profundo de aceitação e de amor. Dessa forma, pode-se concluir um processo de luto, pelo fato de que o outro não está mais vivo; embora, a gente fique com a recordação amorosa de seu gêmeo. De certo modo, os caminhos se separam, permitindo ao gêmeo solitário ter sua vida própria e seus próprios sentimentos, ancorados ainda mais em sua própria vida.

8. Chega o momento em que uma pessoa esquece esta história, não no sentido literal, mas no sentido de que deixa de ser algo determinante e marca de identidade. Enquanto alguém continuar a ser definido como 'sou um gêmeo solitário', é sinal de que ainda não concluiu seu processo de integração. É o simples 'sou' que define a liberdade recuperada.

Durante este processo, tudo o que estava confuso e misturado no começo, vai se esclarecendo e ordenando-se cada vez mais, tanto a nível emocional como cognitivo. Na medida em que uma pessoa possa experimentar esta integração, começa a sentir-se mais livre para viver a própria vida, e fazê-lo da maneira mais feliz possível.

Entretanto, um gêmeo solitário manterá sempre algumas percepções e atitudes peculiares a essa vivência tão determinante, mas sabe-se, poderá compreender-se melhor a si mesmo e será capaz de discriminar a que lugar pertence cada peça do quebra-cabeça. Também gostaríamos de deixar claro que neste destino tão particular, não apenas se sofrem as consequências, como pelo fato de ser um gêmeo solitário, como também se esconde aí uma grande riqueza e uma grande beleza que vale a pena descobrir e desfrutar.

Capítulo 29: Quando as crianças são gêmeos solitários

Parte de nossa responsabilidade como terapeutas, inclui aplicar o que sabemos no cuidado das novas gerações. Este capítulo, que trata da nossa visão sobre as crianças que são gêmeos solitários, é fruto da colaboração de psicólogos e terapeutas infantis de muita experiência, Loretta Cornejo Parolini e Diana Cornejo de Baumann, ambas da equipe do instituto UmayQuipa, que vivem em Madrid e Peru, respectivamente, às quais expressamos aqui a nossa gratidão.*

> *Também queremos mencionar Claudia Piñera de Lisboa que publicou um peuqneo e precioso livro que, com a ajuda de desenhos, explica às crianças o que aconteceu.

Ao pensar em crianças que sejam gêmeos solitários, que iniciaram a vida acompanhados no útero, e que depois perderam seu irmão no decorrer de poucas semanas ou meses, queremos fazer um destaque: isto pode ocorrer como resultado de causas naturais ou pode ser fruto das modernas técnicas de reprodução assistida, concretamente, a fecundação *in vitro*. Como dissemos anteriormente, desde os anos 90, duplicaram-se na Espanha os nascimentos de gêmeos, resultado destas técnicas e, portanto, aumentaram também os casos em que a criança que nasce sozinha, iniciou sua vida em uma gravidez gemelar.

Quando este fato ocorre por causas naturais, muitas vezes a mãe o ignora e não está consciente deste fato, a não ser que tenha passado por uma ecografia já no princípio, onde ficou sabendo que a gravidez começou como múltipla, ou que tenha sangrado durante os primeiros meses, embora depois a gravidez tenha continuado.

Como terapeutas, é importante que tenhamos presente esta possibilidade. Em conversas que tivemos com Loretta e Diana, elas nos explicaram seus entendimentos quanto ao papel do terapeuta no assunto, o que inspirou as reflexões a seguir.

A maioria dos profissionais que trabalham com crianças e suas famílias, cada um de acordo com seu balizamento teórico, possui uma espécie de guia para poder estabelecer um primeiro entendimento, não apenas do sintoma ou do motivo da consulta, mas também da história da criança. Considerando que muitas situações familiares mudaram - as maneiras de conceber um filho, modos de gerá-los, modos de adotá-los ou acolhê-los - é preciso levar tudo isto em conta e fazer perguntas aos pais, pensando nessas possibilidades de hoje em dia. Por exemplo: Como foi a gravidez da criança? Houve perdas? Foi uma gravidez assistida? Houve abortos, antes ou depois?

O importante destas perguntas - pelo menos em relação ao assunto que nos concerne neste livro - é que abrem a porta para se recolher informação relevante para poder entender a realidade interior da criança.

Além disso, há algumas décadas se oferece a determinados casais a oportunidade de serem pais, graças às técnicas de reprodução assistida, embora, com frequência, como última opção, depois de esgotar as possibilidades naturais. Isto pode ser uma bênção, tanto para os pais quanto para os filhos que nascem como fruto de tais técnicas e do desejo e perseverança de seus pais; entretanto, há aspectos que é preciso levar em conta, quando uma criança chegou a este mundo, tendo sido concebida por este meio.

Quando se prepara uma concepção *in vitro*, geralmente fecundam-se vários óvulos, depois de um processo de estimulação hormonal da mulher, para depois implantar alguns deles no útero da mãe, sabendo de antemão que, certamente, nem todos serão bem-sucedidos. Como resultado desta técnica, o número de gravidezes que se iniciam como gravidezes múltiplas aumentou consideravelmente, bem como o número de crianças que nascem, tendo começado suas vidas acompanhados de um ou vários irmãos que não chegaram a nascer.

Sejamos pais ou terapeutas, é importante reconhecer que estamos diante de crianças cuja história é esta, seja por causas naturais ou como resultado da reprodução assistida.

Quando falamos em gravidez múltipla, é preciso estarmos cientes de que são crianças que começaram, desde a própria concepção, compartilhando a vida no ventre materno. Para eles, a relação com os irmãos se inicia nos primeiros instantes e continua unida às vicissitudes de seu desenvolvimento dentro do ventre materno. E os afeta, como pudemos mostrar, por meio dos numerosos depoimentos deste livro.

Para os pais, quando vêem nascer seus filhos sãos, os outros óvulos ou embriões perdidos permanecem em uma memória passada ou caem no esquecimento, sobrepujados pela experiência dos que conseguiram nascer e se encontram aqui. Para seus filhos, esta lembrança os acompanhará por toda sua vida, às vezes não de modo consciente, mas de maneira inconsciente e que, muitos não são capazes de explicar, apenas agem de acordo com ela.

No caso da fertilização assistida, desde o momento da fecundação *in vitro* e depois a implantação, cada um desses óvulos existe e ocupa uma certa memória dentro da memória emocional e celular desse óvulo que continua, embora os outros 'se percam'. Resta a lembrança da existência dos outros, que estiveram por breves momentos, ou por um, dois ou três meses. Esses óvulos que foram implantados ocupam um lugar no imaginário da mãe e possivelmente no da criança ou das crianças que irão nascer.

Por isso, é importante saber em que momento os pais se decidiram por esse método e, sobretudo, com que propósito se conseguiu fazer a gravidez chegar ao seu final. Estas são perguntas relevantes porque a cada tentativa corresponde uma vontade, uma fantasia, um imaginário e, quando chega a informação de que não deu resultado, gera um desânimo, geralmente maior na mãe, que é quem a viveu em seu próprio corpo. Como tudo isso influi tanto na mãe quanto na criança, que finalmente nasce, perguntas como estas são de grande relevância: Com que propósito conceberam seu ou seus filhos? Quantos foram os óvulos fecundados? Quantos foram os óvulos implantados? Quantos chegaram até o final? O que aconteceu com os outros? Todos estes aspectos não são apenas questões técnicas, mas informações relevantes para entender melhor a criança.

Tanto nosso trabalho com adultos bem como a experiência como psicoterapeutas de crianças confirmam que a criança tem seu gêmeo perdido presente de algum modo, independentemente da perda ocorrer durante uma gravidez natural ou em outo tipo de gravidez, fruto de fecundação assistida.

Queremos ilustrar isto com um par de casos. O primeiro é o de uma menina de cinco anos, documentado por Loretta Cornejo:

"A menina está irrequieta, sempre quer fazer milhares de coisas. Durante a segunda sessão, brincamos com a caixa de areia e, de repente, ela me disse: 'Temos que enterrar o bebê'.

"Existe um bebê enterrado"? perguntei-lhe.

"Sim", me respondeu: "Mas ninguém sabe disso, nem mesmo a mamãe".

"E porque está enterrado ?"

Ela deu de ombros e me disse: "Não sei, faz muito tempo e não me lembro, mas está tão enterrado e todos se esqueceram dele".

"E tu queres que continue assim ?"

"Não,", me falou: "Porque é meu irmão e eu gostei muito dele".

"Ah", eu disse a ela: "não sabia que tinhas um irmão".

"Sim, Loretta, claro que eu tinha, mas não nasceu. Ficou em algum lugar, e às vezes me dá muita pena".

"Mas tu o viste ?", perguntei-lhe.

"Não," me falou, "mas eu sei que estava comigo na barriga da mamãe, mas depois não sei para onde foi, desapareceu".

De repente, parou com toda a brincadeira e ficou dando voltinhas na casa:

"E tu acreditaste, ha, ha, ha, é mentira! Como posso me lembrar de quando eu estava na barriga da mamãe, ha, ha, eu era muito pequena? E assim mesmo tu acreditaste!"

"Claro, eu acreditei, porque tudo o que tu estás me contando soa como se fosse verdadeiro, e há coisas de que algumas crianças se lembram de quando estavam dentro da barriga da mamãe."

Imediatamente, ela parou de pular, sentou-se no chão e me disse: "Então me conta sobre isso."

"Pois eu conversei com crianças, uma por exemplo, que me dizia que sabia que tinha tido um irmão de barriga e que durante um tempo estiveram juntos, mas não sabe o que aconteceu depois, porque já não o sentia, nunca mais, e ficou só e o procurou como pode. E que foi crescendo dentro da barriga, mas que não queria crescer muito (este caso foi de um menino com pouco peso ao nascer), porque seu irmão mexia, para ter lugar. E que às vezes pensava se ele havia comido muito da comida da mamãe e por isso o outro tinha desaparecido, (e neste caso o menino em questão me perguntou: "Eu não o matei, não?"- uma informação que eu não dei para esta menina, porque ela não tinha entrado neste assunto).

O que eu disse a ela, é que falaria com seus pais para, por acaso, saber um pouco mais de quando ela tinha estado na barriga da mamãe, e certamente depois eles lhe falariam sobre isso.

Quando falei com os pais, disseram-me que não tinha havido gêmeos fraternos nem gêmeos, nem nada, e que na ecografia de três meses só havia um embrião; mas que era verdade que a menina sempre, (embora agora menos), havia mencionado um irmão que deixou para trás e o chamava de Marcos.

Eu disse a eles: "Procurem pensar: não houve sangramento, nem no primeiro mês, ou em alguma outra ocasião antes dos três meses, embora tivesse sido apenas um pouquinho"?

Pensando e conversando juntos, logo me chamaram em casa e disseram que sim, que a avó, a mãe da mamãe, lembrava-se de que sangrou e manchou o lençol (não muito), mas aconteceu. Mas o médico não lhe deu muita importância ao acontecido, e disse que não era muito e que não havia razão para alarmar-se, e ficou por isso. Não voltou a manchar a roupa, pelo resto da gravidez.

De acordo com a teoria e a prática, podemos saber se na realidade isso foi um óvulo de muito poucas semanas que realmente se rompeu e não conseguiu ir até o final, e a menina levava isso consigo como algo muito seu, que isto era verdade, e mais do que isso, em seus brinquedos o reconhece como um bebê, como algo que não cresceu.

É difícil que uma criança de cinco anos descreva em palavras todos esses conceitos, porque ainda não tem experiência externa de abortos, concepção, perda, ovulação, etc. Mas ouvi-las falar é como se estivessem inventando o que aconteceu dentro do ventre materno.

Então, perguntei à mãe: "Se tivesse acontecido de fato, de que sexo tu crês que teria sido"?

"Homem", me respondeu. "Sempre pensei se esse sangramento não seria um micro aborto, mas não lhe dei maior atenção, e ficou por isso. E também é verdade que sempre pensamos que se fosse homem, nosso filho seria ou Marcos ou Lucas". E começou a chorar.

Expliquei a eles que, para a menina, era importante ter uma explicação para suas sensações sem palavras, para essa emoção que sentia de ter abandonado ou perdido a seu irmão em algum lugar e não poder encontrá-lo. Às vezes é melhor explicá-lo assim: que talvez houve um outro ovinho dentro da mamãe que iria virar um irmão, mas que não deu certo e, quando as coisas não dão certo, o óvulo decide ir embora porque sabe que não poderia crescer. Mas que deixou sua energia para ela, mas que ela não precisa ter a energia dos dois, isso é coisa para os papais, que são os adultos. Ela tem a sua própria e deve dosá-la e usá-la para suas coisas, que seu irmãozinho ficará contente, que ela tem que olhar para a frente, sabendo também que essa energia que ela tem dentro de si vai ajudá-la a crescer.

Na sessão seguinte, está mais sossegada, e parece contente. Eu lhe pergunto como está e me responde que está bem, que seus pais falaram com ela e que ela tinha razão, que houve um irmãozinho muito pequenininho que eles pensaram em chamar de Marcos, mas que ele não pode crescer mais na barriga da mamãe; o que às vezes acontece, assim como eu lhe tinha explicado sobre as outras crianças.

E o que tu queres fazer agora?

Desenterrá-lo, Loretta, já que agora todos sabemos o que tinha acontecido e que, embora fosse pequenininho, era meu irmão. A mamãe me disse que, se eu quiser, ela vai comprar um berloque com uma correntinha; eu escolho o formato e isto será a parte do meu irmão, que ficou com menos do que eu. Demos uma olhada em vários deles, mas ainda não decidi, não sei se vai ser uma estrela, um ossinho... Gostaria de usá-lo comigo. Sabes como ia se chamar? Marcos. "

Nessa tarde brincamos de desenterrar o nenezinho e os outros nenês, "se por acaso, outras mamães não os encontrem ou não saibam que estão enterrados, vamos deixá-los enfileirados e assim os poderão ver.

"E como faremos para que essas mamães saibam que estavam aí e nós os desenterramos"?

"Mas, Loretta, quando se desenterra um bebê, toda mãe sabe qual é o seu e onde está, não te preocupes com isso".

Na verdade, este caso não levou muito tempo, porque a menina conseguiu integrar aquelas emoções ou energias que sentia dentro de si e para as quais não tinha a explicação. Quando os pais articularam uma história ao redor do acontecido, colocando palavras nestes momentos que ela viveu dentro do seio materno, ela se apaziguou e encontrou um lugar para Marcos. Leva no pescoço a correntinha com o símbolo que escolheu para o seu irmão. "Assim, os dois estamos acompanhados', me falou, quando o trouxe e o descreveu para mim.

Todas estas histórias são um tanto complicadas, é como poder ou querer falar de alguma coisa que não vemos, de que não se tem provas, mas sobre as quais as crianças falam durante seus brinquedos simbólicos ou em suas próprias frases. É como se cada brinquedo denunciasse ou colocasse em evidência algumas coisas de que nos esquecemos ou ignoramos, porém eles o sabem, porque o viveram e o sentiram".

O segundo caso foi comentado por Diana Cornejo de Baumann e fala sobre um menino que foi concebido por fecundação *in vitro*. Poderia chamar-se 'Juan' e precisa encontrar uma casa segura para ele e seus irmãos'.

"Quais são as relações que se estabelecem entre estes irmãos dentro do ventre materno? Como vivem as crianças sobreviventes desta primeira experiência? E o que ocorre com os irmãos mortos?

Quero compartilhar a experiência de um desses meninos que viveram no ventre materno a experiência da perda de vários de seus irmãos, antes de nascer e, como este menino, a quem podemos chamar de um sobrevivente, continuava unido a seus irmãos mortos, carregando consigo o problema do que fazer de sua própria vida. Este menino não sabia que, em sua experiência dentro do útero, tinha assistido à morte de seus irmãos; porém, os 'imaginava', quer dizer, que em sua mente e sua alma, levava consigo o peso dos irmãos. Ter passado por esta primeira experiência em tão tenra idade, pois que ainda não havia nascido, o marcou de tal maneira que, anos depois, ainda apresenta sintomas de que os irmãos 'imaginados' continuam presentes e são com uma sombra pesada.

Quero explicar-lhe o sentido dos jogos, construções ou desenhos da terapia infantil, já que são inventados e criados pelas crianças, partindo de representações de seu mundo interior. Neles pode-se observar o que está ocorrendo com a pessoa, muito além de seu sintoma do aqui e agora, isto é, as comunicações advindas daquilo que ainda não foi expresso em palavras.

Juan foi concebido juntamente com cinco outros irmãos. Entretanto, os médicos sabem que não há possibilidade de que, com as dimensões do útero da mamãe, possam sobreviver os seis. Passado um mês depois da concepção, decidiu-se por 'uma redução do número de embriões fecundados' (este é o termo técnico), por meio da qual atravessam com agulhas três dos seis óvulos fecundados, de modo que somente três deles continuam no processo de gestação. Finalmente, nasceram dois bebês, Juan e uma irmã.

Juan, aos cinco anos, arranca as sobrancelhas. Quanto chega a hora de entrar na escola, chora desesperadamente e sua aprendizagem é prejudicada pela interferência desta angústia. Juan não pode ver pontas, desvia os olhos quando enxerga uma sobre a mesa, sobre um móvel ou a ponta do lápis com o qual está aprendendo a escrever.

Seu primeiro jogo comigo durou várias sessões: Juan queria poder construir um ninho para seis ovinhos; ele contava que dos ovos iriam nascer passarinhos com olhos azuis - iguais aos seus (Fig. 1).

Fig. 1

Não lhe era suficiente o ninho para os seus ovos, queria construir uma casa de madeira e depois outra casa em cima dessa, para que fosse mais segura. Uma casa que 'jamais alguém possa alcançar' (Fig. 2). Ninguém havia até então lhe contado sua história dentro do útero, no entanto, em seu mundo interior, a sombra desses irmãos continuava presente. Diante da sensação de precariedade e perigo da própria vida, a sua e a dos outros, Juan sentia uma grande necessidade de preparar um alojamento seguro para todos e defender-se de tudo aquilo que pudesse ser pontiagudo e que machucasse.

171

Juan nos demonstrava assim como ele revivia continuamente a história de seus irmãos e a experiência de ter sentido como foram violentamente eliminados. Mas, o mais importante é que em seu interior, não conhecia bem os próprios limites, de quem seja ele: se foi ele quem morreu ou quem conseguiu sobreviver.

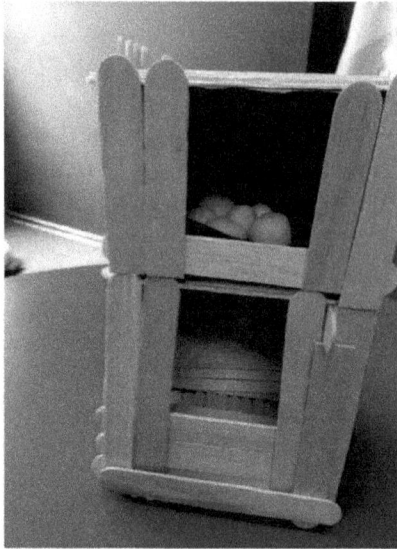

Fig. 2

Portanto, Juan precisava saber de sua história, saber que teve outros irmãos e que eles não puderam sobreviver, e compartilhar com seus pais a ausência desses irmãos. Para não continuar carregando os irmãos, tem que passar pelo processo de se despedir e reconhecer que ele, sim, está vivo. Só assim poderá deixar de carregar seus irmãos, como se fossem parte dele, e começar a vivenciar que é dele a vez de viver".

Capítulo 30: Falam os pais

Conforme vimos no capítulo anterior, as crianças pequenas às vezes expressam lembranças em forma de sensações ou imagens que se relacionam com a primeira etapa de suas vidas, a etapa intrauterina. Uma experiência marcante, como a de ter perdido um dos irmãos no ventre materno está presente de forma bastante consciente nas crianças, durante seus primeiros anos. Talvez não tenham a mesma capacidade ou facilidade de expressar o que lhes está ocorrendo, como teríamos nós, os adultos, porém suas vivências são igualmente intensas e claras.

Como podem os pais acompanhar um filho quando sabem ou suspeitam que possa ser um gêmeo solitário? Esta é uma pergunta que, às vezes, pais e mães nos fazem, com o desejo de confrontar o problema. A primeira resposta que nos ocorre é escutá-los! E dar-lhes a oportunidade de sentirem e se expressarem, acompanhando-os no que estiver ocorrendo e levando-os a sério. Provavelmente, precisam expressar a tristeza, a raiva ou a confusão de não se entenderem bem, e para uma criança pequena é muito mais fácil fazê-lo se tiverem ao seu lado um adulto que os acompanhe. Para as crianças (como para os adultos) algo muito importante é tomá-los a sério.

Um adulto que ignore que seu filho possa ter perdido um irmão no útero, talvez não aceite muito essas expressões infantis referentes à etapa intrauterina, ou à sua sensação de que lhes falta um irmão ou irmã, e o entenda como fantasias, embora, na realidade, esteja falando de suas experiências.

Nas histórias a seguir, vamos ouvir das mães e compartilhar sua experiência e sabedoria, para descobrir maneiras de responder à pergunta acima.

Em primeiro lugar, vamos escutar uma mãe que acompanha sua filha, Maria, na descoberta de ser gêmea solitária e como integrar esta vivência; em segundo lugar, temos um relato impressionante de algumas mães que, já sabendo que esperam gêmeos, perdem um deles durante o parto.

A morte de um gêmeo durante ou após o parto continua ocorrendo de vez em quando, ainda que com frequência menor do que em outras épocas, pois um parto gemelar tem um risco maior. A história de Kala e Uma ilustram o que significa para os pais viver, ao mesmo tempo, o nascimento de uma filha e a morte da outra. Isabel, uma das duas mães, encontra essas palavras para ilustrar, com grande variedade de matizes, este processo tão complexo entre os dois polos, de dor e de alegria, e descrever como consegue aceitar, pouco a pouco, esta realidade, e ajudar sua filha a viver com ela. Talvez seja, o testemunho mais longo em nosso livro, mas o incluímos quase que integralmente, pois nos parece que sua leitura poderá auxiliar muito a outros pais que passam ou tenham passado por experiência similar.

A história de Maria

"Durante a gravidez de Maria, precisou repousar, durante várias semanas, no primeiro trimestre, devido a uma hemorragia. Ao que parece, ocorreu um desprendimento da placenta. Seu parto foi complicado, Maria nasceu inconsciente, por meio de uma cesariana de emergência, e durante os primeiros dias desenvolveu uma meningite viral.

Quando pequena, era uma menina muito calma, suave, tolerante, e logo em seguida, começou a interessar-se pela morte, e falava muito sobre isso. Nesta etapa, dos dois, três e quatro anos, passou por alguns momentos de desespero compulsivo, nos quais, sem razão aparente, chorava de modo inconsolável e chamava pela mãe com todas suas forças, mesmo quando estava em meu colo.

Na ocasião, eu não sabia nada sobre gêmeos solitários; entretanto, mais tarde, quando aprendi sobre isso, lembrei-me de algumas características dela que poderiam estar relacionadas. Uma dessas características é que desde pequena, Maria não queria crescer, desejava continuar como bebê para sempre, e se incomodava muito quando diziam que estava grande. Aos quatro anos, quando entrou no jardim de infância, começou a falar com uma amiga imaginária, Catalina, e tinha esperança de encontrá-la aí no jardim de infância. Depois de esperar por ela, todos os dias, durante quatro semanas, chegou em casa queixando-se e chorando, dizendo: "Parece que a Catalina não existe, não vai vir nunca...". Outra manifestação, que mais tarde eu compreendi melhor, era que ela estava aterrorizada por ser a melhor nos jogos infantis; chorava desesperada e dizia "Não quero que os outros percam...".

Foi quando Maria tinha mais ou menos uns seis anos que eu descobrir que eu também era uma gêmea solitária. Claro que compartilhei esta descoberta com a minha família, e pouco a pouco, comecei também a entender os sinais de minha filha Maria.

Nesta ocasião, Maria entrou para a escola primária, juntou umas folhas de papel em branco, atou com um barbante, a fim de escrever um livro. Nele, fez um desenho de duas meninas gêmeas, cada uma com bolhas para escrever um pensamento, onde uma delas pensava sobre os pais, e a outra pensava numa imagem de santos ou anjos, que coloriu. Disse que ia escrever um livro e que esse era o tema.

Cláudia Pinheiro, de Lisboa, publicou um pequeno e maravilho livrinho que, com a ajuda de desenhos, explica para crianças, o que aconteceu.

A prova mais clara que eu tive sobre a experiência dela com sua irmã gêmea foi quando, um dia, depois de termos ido à missa, no momento em que estávamos as duas a sós no automóvel, me perguntou:

A tua irmã gêmea estava dentro da tua barriga? Disse a ela que não, que tinha estado na barriga da minha mãe, ao que ela respondeu: "Então, era a minha irmã gêmea que estava na tua barriga, junto comigo". Fiquei surpresa, e perguntei-lhe o que que havia acontecido, e ela disse: "Ela estava ali comigo e as duas brincávamos juntas. Depois eu cresci muito e ela foi ficando pequena, até que virou só um pontinho". Perguntei-lhe como havia se sentido, e Maria respondeu: "Mal, é claro, eu fiquei muito triste". Depois de contar-me esta história, sentiu-se doente, débil, tonta, mas também com enjoo. Deixei que ela expressasse tudo o que queria, aceitando seu mau estar. Porém, ainda mais importante do que isso, demonstrei acreditar no seu relato e, pouco depois, dei-lhe um abraço e preparei-lhe uma xícara de chá, e então ela ficou melhor e foi brincar.

Aconteceu também uma vez, que Maria chorou porque contei-lhe um sonho que tive, de ter perdido uma filha, no mar: "... de repente, ela já não estava mais ali... " Precisou de várias horas para acalmar-se. Aí foi quando eu lhe disse que a sua reação poderia estar relacionada com o fato de ela ter perdido uma gêmea, e ao dizê-lo, algo pareceu iluminar-se para ela.

Outra situação de que recordo foi quando Maria, num período em que se achava muito triste, disse espontaneamente que ia voltar a encontrar-se com sua irmã gêmea. Expliquei-lhe que não, que sua irmã não poderia voltar a viver, que se havia ido para sempre. Ficou em silêncio e, com um sorriso, disse: "Quando eu morrer, vou voltar a encontrá-la".

O que percebo com Maria é que ela era uma menina contraída, e que sua calma e tranquilidade eram mais o resultado da tristeza que carregava dentro de si, do que o seu caráter. Tinha pouca energia vital, não se soltava... A vida para ela era confusa.

Necessitava muito ser reconhecida em sua história. Precisava que eu, sua mãe, a deixasse sentir essa tristeza. Foi assim, pouco a pouco, sem dar-se conta e em seu próprio ritmo, foi capaz de respeitar-se a si mesma e também a sua dor, e descobriu o prazer de viver.

Hoje Maria tem 13 anos, é uma menina integrada, muito simpática, sensível ao ambiente e às pessoas que a rodeiam, menos arredia, permite vibrar de alegria, enfado ou de tudo aquilo que existe na vida. Maria já não quer mais falar de sua história de gêmea solitária com as pessoas. É um assunto muito pessoal, que só reparte com algumas pessoas e assim mesmo em circunstâncias especiais".

Cláudia Pinheiro

"Kala e Uma"

Nunca poderemos esquecer quando nos disseram que esperávamos gêmeos, a emoção foi tão forte, o agradecimento à vida, ao universo, à providência, a Deus, era tão grande. Parecíamos tocados por algo mágico que só a vida pode oferecer.

Mariona diz que a gravidez foi o maior momento de sua vida, o maior estado de plenitude que experimentou. As meninas cresciam e com elas nossa ilusão e nervosismo pelo momento do parto e nosso encontro com elas. E o momento chegou, as águas se romperam, ficamos em casa nos primeiros momentos da dilatação e nos dirigimos para a clínica quando percebemos que havia chegado o momento final... foi tão emocionante!

A primeira que nasceu foi Uma. Custou a sair, parecia que não terminava de fazer força suficiente para que ela saísse, quando finalmente saiu com fórceps e a colocaram no peito de Mariona, em seguida verificamos que alguma coisa não estava bem, cortaram o cordão e a levaram para a salinha ao lado para reanimá-la, podíamos ver como faziam tantas manobras para reanimá-la, enquanto Mariona dava à luz a Kala.

Baixaram as cortinas na sala de reanimação, algo não ia nada bem, levaram Kala em seguida, a segunda a nascer, e logo depois de expulsar a placenta, a ginecologista nos informou que a primeira criança que nascera, havia morrido.

Nunca, nunca esqueceremos esse momento, a frase "a primeira criança está morta", a outra está entre os recém-nascidos para prevenir possíveis perigos. A dor foi muito grande!

Como podia ser que ao mesmo tempo, a vida e a morte se apossaram de nossa família, de nossas ilusões, de nosso futuro?

É doloroso, é devastador.

A morte é fria!

Depois da desolação, pedimos para ver Kala, o bebê que sobreviveu, estava bem, em sua incubadora, congestionada de tanto chorar, fazia-nos tanto mal, não havia consolo para Kala, pensamos em cantar-lhe baixinho... Parou um pouco, mas a verdadeira calma só ocorreu quando pode ser abraçada, no peito da mãe.

Pedimos também para ver Uma. Na clínica nos permitiram, e nos deixaram em uma salinha, com o corpo envolvido em um pano verde, pudemos abraçá-la, ficamos as três sozinhas durante um tempo. Sem saber ainda por que, quisemos tirar umas fotografias (que bênção é estar agora com elas), quisemos retê-la, a abraçamos, a beijamos, dissemos-lhe muitas coisas bonitas, o doloroso que era a sua perda, choramos, despedimo-nos de seu corpinho de recém-nascido, já frio.

Aqui começou a nossa dor, cada uma viveu como pode, agora podemos dizer que, para sobreviver a essa dor, cada uma encontrou sua maneira, uma mergulhando em uma tristeza grande e profunda, a outra em um intenso e violento tédio contra o mundo. Podíamos nos encontrar apenas na dor, quando acontecia de chorarmos juntas e aquecer-nos contra o frio dessa morte tão inesperada.

Reunimo-nos com um grupo de pais que haviam passado pela mesma experiência, a morte de um filho antes do primeiro ano de vida, o que acontece a tanta gente! Foi reconfortante compartilhar, é necessário, faz bem, porque nesse lugar ninguém procura se consolar, ninguém pretende livrar-se de seu processo; ouve-se e deixa-se espaço para a dor, com respeito.

A culpa foi um sentimento muito real, no princípio era enorme, pensávamos na quantidade de coisas que poderíamos ter feito diferente, e assim teríamos a nossa filha conosco, por exemplo, chegar mais cedo no hospital, pedir uma cesariana, queixar-nos mais... a culpa é voraz com a mente, sentíamos que tínhamos sido incapazes de cuidar de nossa filha, que não havíamos procedido corretamente, que como adultos tínhamos recursos para evitá-lo...

Além do mais, a culpa é um sentimento que não desaparece com facilidade, uma vez que esteja instalado em nossas mentes durante muito tempo.

Uma das coisas mais difíceis de suportar é ver como o ambiente reage contra a morte de um bebê, dizendo coisas impensadas, como "é melhor que não se queixem, pois pelo menos resta uma, há gente que perdeu as duas", "está bem, mas não é preciso continuar chorando" (depois de 3 meses após a perda), pessoas que conhecíamos mas que não nos cumprimentavam, porque mais tarde nos disseram que não sabiam o que dizer da morte de nosso bebê, pessoas que perguntavam se houvéssemos feito isto ou aquilo ela estaria viva... verdade muito desafortunada.

Ao morrer durante o parto, não demos um nome à nossa filha, e tinha ficado registrada como "feto de...", porque não sobrevivera 24 horas, isso foi muito doloroso. Para nós, ela já era uma pessoa, desde quando crescia no ventre de sua mãe. Mas, assim é a lei na Espanha.

Sabíamos que teríamos que colocar nossa filha em algum lugar, entregaram-nos suas cinzas, junto a um grupo muito íntimo de amigos e familiares, realizamos um funeral, um rito de despedida. Compramos uma árvore centenária, de 400 anos, uma oliveira, com uma raiz enorme e dois galhos grossos que em seguida se bifurcavam, um subia até o céu, o outro se mantinha na horizontal, essa árvore iria ser o símbolo de Uma na terra; nos reunimos em círculo, ao seu redor, tudo estava preparado para plantar a árvore, um buraco enorme na terra onde depositaríamos as cinzas de Uma, sua placenta, uns sapatinhos que nos tinham dado de presente, uma oferenda representada por um pedaço de tecido; deixamos que os participantes fizessem os votos que tinham para Uma em sua passagem, todos falamos, todos verificamos que a oliveira estivesse bem plantada na terra, todos falamos de Uma, todos desejamos-lhe o melhor para sua alma...

No início, era muito difícil depararmo-nos com gêmeos, transformando-se em uma grande raiva toda vez que víamos seus carrinhos pelas ruas, e esvaziamos a casa de todos os objetos duplos que havíamos comprado.

A tristeza profunda, o tédio, o senso de injustiça, o descaso, a raiva, a desolação... a alegria pela vida de Kala - era uma menina muito sadia; tudo acontecia ao mesmo tempo. Entre a alegria e a tristeza, entre a morte e a vida, entre a raiva e a vulnerabilidade, entre o vazio e a presença!

No princípio, Kala chorava muito, sabíamos que ela estava triste, que estava desesperada e se sentia só, ninguém a não ser a mãe conseguia dar-lhe alívio. Aprendemos a distinguir entre a fome e o choro, sonho, mudança de fralda, o choro de tristeza que normalmente era mais noturno e desolado, como poderíamos acompanhar nosso bebê em sua dor, com presença; sabíamos com certeza que ela chorava por sua irmã ausente.

O pranto foi se convertendo em dificuldade de ficar sozinha na hora de dormir, no momento de cair no sono. Kala tem sete anos e, às vezes, continua custando a ficar só, lhe é muito difícil o momento da separação, se agarra nos braços e dá desculpas para mantermo-nos ao seu lado por mais dez minutos, às vezes pensamos que seja uma lembrancinha da separação de sua irmã que ela usa, em algumas noites.

Desde o princípio, Uma sempre esteve presente na vida de Kala, nós lhe havíamos dito que tinha uma irmã, que morrera e que estava bem onde se encontrava... Pouco a pouco foi crescendo e Uma era uma presença em nossa vida cotidiana, no começo como de um lugar triste, desde sua falta, desde a ausência... não poderia ser de outra maneira naquele tempo, tudo era muito recente e a dor é longa, cada progresso que Kala obtinha, fosse aprender a engatinhar, andar, falar, brincar... sempre sobrava um vazio ao seu lado, a ausência ocupa este espaço.

Na escolinha onde Kala ia, sabiam a respeito de Uma, e nos contavam que, às vezes, na hora de comer, Kala pegava dois garfos, duas colheres e dois copos...

Seus relacionamentos na escola eram íntimos, cada vez que se juntava com um amigo, a relação era forte. Só comunicava a existência da irmã aos amigos íntimos, era como compartilhar algo muito especial, às vezes não sabia como expressar-se, e suas professoras a ajudavam, esta escolinha nos compreendeu bem e nos fez tanto bem!

Em todo esse processo, que ainda continua, sabíamos que a maneira de sair na frente era aceitar a morte de Uma, mas isso não era nada fácil, quando víamos gêmeos na rua, quando Kala chorava porque não ficávamos com ela, quando celebrávamos aniversários, esta ausência se fazia presente. Depois, ao redor dos três anos, chegou a experimentar a aceitação, que nós chamávamos corporal ou mais profunda, que era lembrar-nos de Uma ou falar sobre ela sem tristeza, com uma certa paz em nossos corações, em nossa mente e em nossas emoções.

Para isso ajudou-nos uma companheira que nos disse que, cada vez que falássemos sobre Uma, que o fizéssemos com uma certa alegria, como dizendo que ela gostaria de estar junto em tal ou qual lugar, que gostaria de participar de uma festa, desta comida... etc. Falando de uma participação positiva dela em nossas vidas. Esta foi uma grande chave, para entrar neste nível de aceitação mais saudável.

Nos momentos em que Kala chorava porque dizia que sentia falta de sua irmã, e perguntava porque ela tinha que ter morrido... dizia que queria estar aqui, não lá, não sabia dizer exatamente onde... para essas ocasiões aprendemos questioná-la de diferentes maneiras, no começo dizíamos a Kala o que ela gostaria de dizer para Uma ou, às vezes, falando através de pensamentos, e em seguida tocávamos um gongo que tínhamos em casa, pois assim, através do som e da vibração Uma saberia o que Kala queria dizer. Mais adiante, compramos um caderno muito especial, muito bonito, que era o "livrinho de Kala para Uma" e era onde Kala expressava o que sentia, cada vez que desejava que Uma estivesse conosco, ou também quando acontecia algo importante para ela ou para a família, como a gente se expressa através de um desenho ou frases por escrito.

Kala começou a falar de Uma, montando todo um mundo, acerca do que fazia quando estavam no ventre de Mariona, de como brincavam, se subiam em escorregadores, colchonetes, saltavam, etc todo um mundo... falava de como viajavam pelo mundo e como o mundo era enorme, nos contava inclusive que elas duas haviam construído o mundo, claro que falava de seu próprio mundo, de seu relacionamento, mas era muito bonito ouvi-la.

Procuramos uma boneca, que era um presente que nós fazíamos para Uma, e Kala gostou muito da ideia e essa boneca a acompanha na cama em muitas noites.

O que podemos afirmar é que Kala é uma pessoa que sempre precisa de muito contato, é muito corporal e gosta de estar perto das pessoas a quem considera íntimas, em contato corporal com elas, sobretudo com Mariona, sua mãe biológica, e sempre que está por perto, precisa do contato de alguma parte de seu corpo.

Também achamos que estabelece relações muito íntimas e que lhe custa deixá-las, embora pareça que a vida está sempre à sua frente; sabe que precisa aprender mais, pois ainda que lhe cause muita dor, terá que as deixar, nos referimos as amigas íntimas que mudam de escola, professores com os quais tem um bom relacionamento e que se transferem, etc.

Kala olha a morte como algo muito familiar, inclusive quando, aos três anos de idade, começou a dizer ao pai, a quem não conhece, pois somos suas duas mães, que estava morto, igual a sua irmã, e foi um tempo em que relacionou ausência com estar morto. Foi difícil fazê-la desistir desta ideia, mas não a forçamos, e com paciência lhe dizíamos que não era assim, e explicávamos a forma em que haviam sido concebidas; hoje está totalmente recuperada neste sentido, e cada coisa ocupa o seu respectivo lugar.

'O tempo cura todas as coisas', é uma frase muito popular, a qual no início não queríamos nem ouvir, não nos proporcionava qualquer alívio, e ouvi-la nos parecia uma falta de respeito ao nosso sofrimento, mas na verdade é assim mesmo, sentimos que a dor da perda estará sempre presente em nossos corações, mas podemos também ver que nos fez amadurecer como pessoas, como casal, como família... atravessar todo esse processo, é importante que tenha o seu lugar.

Temos uma outra filha, Lua, temos três filhas, e isso nos faz recordar Kala, quando alguém, não muito próximo, nos pergunta quantas filhas nós temos e respondemos duas, sempre aparece Kala e diz, "NÃO..." Somos "três", com uma naturalidade impressionante.

Sempre que celebramos alguma coisa com bolo, cortamos uma fatia a mais e a deixamos no buraco da árvore... nunca voltamos para ver se foi comido...".

Isabel Montero e Mariona Canadell

QUINTA PARTE
VESTÍGIOS GEMELARES NA CULTURA

"Não dei ao meu anjo muito tempo,
tornou-se pobre em meus braços,
ficou pequeno, e eu me tornava grande:
de repente, senti tanta compaixão;
e ele, sozinho, uma súplica trêmula.

Dei-lhe então o céu:
deixou-me o que estava perto, do qual ele se afastava;
aprendeu a ficar pairando no ar, eu aprendi a viver,
e nos reconhecemos lentamente...

Rainer Maria Rilke

Iniciamos este livro com um resumo do que a ciência conhece atualmente, a respeito do princípio da vida gemelar no útero materno, a fim de explicar e ilustrar o modo com um gêmeo solitário sente, pensa e age esta experiência que o marcou tão profundamente. Depois refletimos sobre os passos para a integração e o que uma pessoa pode fazer para curar esta ferida profunda em seu ser, e prover um bom lugar ao gêmeo morto, dentro de sua vida. Queremos concluir esta 'viagem' identificando os vestígios que sobrevivem em diversas culturas, no que se refere aos gêmeos.

Gêmeos fascinaram a humanidade desde tempos imemoriais, e essa fascinação se manifestou, ao longo da história, através de todas as formas de expressão cultural, em criações literárias, obras de arte, música, contos e mitos. Uma visão geral sobre a presença deste assunto no mundo da arte e da cultura. Cederemos a última palavra a Platão que, faz agora 2.500 anos, discorreu assim sobre o amor, em seu famoso diálogo "O Banquete': *"Que ninguém negaria, nem mesmo daria a entender que deseja outra coisa, senão (...) aquilo pelo que, na realidade, ansiava há muito tempo: tornar-se um só de dois, juntando-se e fundindo-se com o amado"*.

Capítulo 31: Exemplos contemporâneos

Encontramos na cultura contemporânea amostras de vestígio gemelar na literatura, nas artes plásticas e na cinematografia. Considerada a natureza do assunto, vamos trazer tanto exemplos explícitos como implícitos, no sentido de que, provavelmente, o próprio artista não estava consciente de que sua criação era uma manifestação de uma lembrança muito anterior de sua vida, guardada em seu inconsciente. De igual modo, sua expressão artística poderia originar-se muito além de sua história pessoal, no que C. G. Jung chamava 'o inconsciente coletivo da própria humanidade'. Tudo isto deixa uma ampla margem para interpretação e estamos conscientes de que os exemplos que incluiremos nesta parte do livro foram escolhidos segundo nosso próprio critério.

Cine

Vejamos, para começar, mencionar alguns filmes:

'**Le grand bleu**' é um filme de 1988, dirigido por Luc Besson, e protagonizado por Jean-Marc Barr, Rosanna Arquette y Jean Reno. Na Espanha foi intitulado: 'El gran azul', na América espanhola: 'Azul profundo'. O filme trata, em seu primeiro plano, sobre a rivalidade e a amizade entre dois célebres competidores de boxe. Ilustrado com lindas imagens do mundo submarino que, por sua vez, evocam o mundo intrauterino, conta a dificuldade de um deles em relacionar-se com outras pessoas e com a própria vida, assim como a busca por reencontrar uma felicidade perdida, que o liberte de sua profunda solidão, da qual nem sua noiva consegue afastá-lo. Na última cena, ele desaparece nas profundezas do mar, em companhia de um golfinho.

'**Nell**', título na Espanha, e "Una Mujer Llamada Nell", na América Espanhola, é um filme de 1994, protagonizado por Jodie Foster e Liam Neeson, dirigido por Michael Apted. Nell é uma jovem que passou toda sua vida em meio à natureza, em contato unicamente com a irmã gêmea e a mãe, que já morreram, e que sofreu um transtorno na fala, conhecido como afasia. Quando os cientistas descobrem Nell, procuram investigá-la e estudá-la, com a finalidade de verificar como sobreviveu durante toda a vida no meio da floresta. Tentavam decifrar sua estranha linguagem, seus costumes e como se relacionava com os humanos, mas pouco a pouco se dão conta de que este ser extraordinário os ensinava muito mais sobre a vida do que eles poderiam imaginar no começo. Por sua vez, é fascinante observar na figura de Nell, como continua se relacionando com sua gêmea morta e como amadurece o processo de integração da perda, desde que era uma jovem adolescente até que se tornou mulher.

'**A vida dupla de Verônica**' é um filme de 1991, dirigido por Krzysztof Kieslowski. O filme trata do mito de Doppelgänger, ou a existência da dupla personalidade. Segundo esta lenda, ver a outra personalidade, pode trazer um resultado fatal para uma delas. Existem também versões que afirmam que os atos de uma redimem os atos da outra, talvez por intermédio de premonições ou os famosos 'Déjà Vú'. Verônica vive na Polônia e tem uma brilhante carreira como cantora, mas sofre de uma grave doença cardíaca. Na França, distante mais de mil quilômetros, vive Veronique, jovem idêntica que guarda muitas semelhanças vitais com ela, como por exemplo, suas dores e sua grande paixão pela música. Ambas, apesar da distância e de não terem qualquer relação entre si, são capazes de sentir que não estão sós e, de alguma maneira, percebem a existência da outra. Queremos recordar este detalhe de um depoimento: "*Quando eu era pequena, estava convencida de que, no outro lado do mundo, vivia alguém que era exatamente igual a mim e que, quando eu crescesse, iria buscá--la*".

'**Além da vida**' (*Hereafter,* em sua versão original) é um filme dirigido por Clint Eastwood, em 2010. O filme narra três histórias paralelas, sobre três pessoas afetadas de diferentes formas pela morte; George, que possui a habilidade de se comunicar com os mortos; Marie, que sobrevive a um tsunami, passando por uma experiência de quase morte, e Marcus, um menino que perdeu seu gêmeo, Jason, e que procura desesperadamente alguém que o ajude a comunicar-se novamente com seu irmão. A história destes três personagens vai sendo narrada ao longo do filme, até que se estabelece uma conexão entre eles. A busca infatigável de Marcos e sua sensação de não estar completo sem seu irmão e tampouco preparado para uma vida própria depois da morte repentina dele, nos parece um exemplo muito ilustrativo dos vestígios que carrega um gêmeo solitário.

Música

Quem se recorda do filme 'Titanic', talvez possa ainda ouvir esta canção em seu coração - 'My heart will go on' com Céline Dion. Este tema musical principal do filme emocionou muita gente. Você prestou atenção à sua letra? Reproduzimos aqui um fragmento:

> *"Vejo-te cada noite em meus sonhos, sinto-te*
> *dessa maneira, sei que perduras.*
> *Estás aqui, nada tenho a temer, e sei que meu coração continuará,*
> *permaneceremos assim para sempre, em meu coração estás a salvo e*
> *meu coração continuará e continuará".*

A propósito de letras de canções: encontramos umas quantas canções que, com suas palavras e as emoções que evocam, descrevem vivências que se encaixam verdadeiramente com o sentimento dos gêmeos solitários. Suspeitamos que em mais de um caso, o cantor ou compositor demonstrou de forma inconsciente, sua própria experiência, expressando seu desejo, sua tristeza, seu sentir-se incompleto, etc. Como se pode explicar, de outra maneira, uma canção como essa?

"Um à noite, um ao despertar, um sonhando, uma metade
Um assustado, um e sua dor, um querendo ser dois,
um deserto, um mar azul, um no fio, um na inquietação,
um procurando, um desamor, um querendo ser dois,
um duvidando se existe ou não a verdade, um mil vezes solidão,
um ouvindo seu coração, um querendo ser dois
uma mentira, uma realidade, uma ferida e o sal,
uma pergunta, sem resposta, um querendo ser dois,
onde estarei amanhã, onde estarás, meu amor, sob o sol
abraça-me fundidos os dois em um só coração".

* 'Um querendo ser dois' da cantora Noa, incluída em seu CD; 'blue touches blue', ano 2000.

Há uma canção de Loreena McKennitt intitulada 'The old ways' e de cujo texto reproduzimos aqui um fragmento. Está escrito com uma grande força poética e a imagem que descreve nos parece muito evocadora:

"De repente soube que teria que ir embora
Teu mundo não era o meu, teus olhos me disseram
Apesar disso, estava aí, e eu senti a encruzilhada do tempo e me perguntei
por que

Ao deitar nossos olhos no mar embravecido,
Uma visão me sobreveio
De cascos estrondosas e o bater de asas
Acima, nas nuvens

Quando deste a volta para ir embora, te ouvi chamar-me
Eras como um pássaro enjaulado, abrindo suas asas para voar
'Os velhos caminhos se perderam', cantaste enquanto voavas e eu me
perguntei porque

As ondas atroadoras me chamam para casa, e a ti
O palpitante mar me chama para casa, para casa, para ti".

O famoso Elvis Presley é um dos poucos artistas de que se sabe ter sido gêmeo. Jesse Presley, seu irmão gêmeo, nasceu morto, 35 minutos antes dele. Na casa de seus pais sempre estavam feitas duas camas para os meninos. Algumas de suas canções expressam um anseio, um amor que os funde, e até uma melancolia própria de um gêmeo solitário. Morreu aos 42 anos, por causa de abuso prolongado de drogas e medicamentos. Seria demais, de nossa parte, interpretar que sua tendência para a morte teve que ver unicamente com a perda de seu irmão, já que se sabe que tanto a morte de sua mãe como a separação de sua mulher lhe causaram grandes depressões. Porém, aqui se pode ver uma vez mais, como ocorre com frequência, quando há perdas repetitivas, agravando a ferida original.

Literatura

Conhecemos alguns romances que tratam do tema do gêmeo:

No 'El dios de las pequenas cosas'('O deus das pequenas coisas)', do indiano Arundhati Roy, Rahel retorna ao lar de sua infância para se encontrar com seu gêmeo, depois de mais de vinte anos de separação. Esta, o nome do irmão, deixou de falar, e Rahel deixou de sentir. Seu reencontro lhes permite recordar e passar pela tristeza de sua infância desastrosa. Juntos relembram pequenas coisas, aparentemente de pouca importância, porém vitais para reconstruir seu sentimento de paz interior.

A autora americana Audrey Niffenegger escreveu "Uma simetria inquietante'. A morte prematura de sua tia londrina transforma abruptamente a vida de suas sobrinhas, as gêmeas Júlia e Valentina. Nesta divertida história, são tratados diversos assuntos, como as gêmeas - onde se aprofunda na relação peculiar entre elas - os espíritos, a morte e o amor, com alguns ingredientes semelhantes a mitos gregos.

Entretanto, não podemos ter certeza de que um artista é um gêmeo solitário simplesmente por olhar sua obra e sem ter dados objetivos, como no caso de Elvis Presley ou Philip K. Dick, de que falaremos em um momento; mas, como a grande maioria dos gêmeos solitários perde seu irmão nos primeiros três meses de gestação, sem que deixem vestígios, indiscutivelmente existem muito gêmeos solitários desconhecidos e não é difícil que alguns artistas o sejam. Este seria o caso, por exemplo, de Oscar Wilde, que, por sua novela 'O retrato de Dorian Gray' ou seu conto 'O gigante egoísta', nos faz intuir que poderia tratar-se de um gêmeo solitário. Também sua vida dupla como esposo e pai, de um lado, e amante de homens, por outro, nos apontaria nesta direção.

O escritor norte-americano de ficção científica Philip K. Dick, autor de livros que foram posteriormente adaptados ao cinema, como por exemplo, 'Blade Runner', 'Total Recall', 'Minority Report' ou 'Matrix', foi também gêmeo solitário. Ambos nasceram prematuros em dezembro de 1928 e, como resultado da precária situação econômica dos pais, a irmã Jane morreu 41 dias depois de nascer. O trauma da morte de Jane o perseguiu durante toda a vida, cheia de constantes problemas psicológicos e depressões. Philip K. Dick sempre pensou que podia conversar com sua irmã morta, e de alguma maneira sentia-se acompanhado por ela em meio aos seus problemas, que o aterrorizavam. Para ele, sua irmã gêmea era seu refúgio seguro e protetor, em contraposição à sua vida afligida pela depressão, agorafobia, asma, drogas e visões.

Sua experiência está refletida em vários de seus livros, como por exemplo na novela 'O doutor moeda sangrenta', onde um de seus personagens é uma menina em cujo ventre vive o irmão que ela nunca viu, mas ao qual ouve e com o qual brinca todos os dias: "Ele não sabe muitas coisas. Ele não vê nada, mas pensa. E eu digo a ele o que está ocorrendo para que ele não o perca".

Depois de sua morte em 1982, seu pai levou as cinzas do escritor para Fort Morgan, no estado do Colorado. Quando sua irmã gêmea faleceu, o túmulo dela ficou inscrito com o nome dos dois, com um espaço vazio para a data da morte de Philip K. Dick. Finalmente, ambos os irmãos descansam em paz, um ao lado do outro.

Pintura

Embora seja em geral difícil tirar conclusões a partir da linguagem pictórica de um artista, por ser ambígua, chama-nos a atenção a pintura de Frida Kahlo, que poderia ser perfeitamente uma obra pintada por um gêmeo solitário. O diferente nela, é que reflete em seus quadros os acontecimentos de sua vida e os sentimentos que os produziram, ou como ela mesma disse: *"Pintei a minha própria realidade"*.

Tanto em sua obra artística, que sugere o tema gemelar de diferentes aspectos, como a relação com seu marido e outras facetas de sua biografia, parece-nos ver numerosos indícios de que ela teria sido uma gêmea solitária.

Foi casada com o célebre muralista Diego Rivera, com quem teve uma relação muito próxima e ao mesmo tempo conflituosa, que consistiu em amor, aventuras com outras pessoas de ambos os sexos, o vínculo criativo e artístico entre eles, um divórcio em 1939 e um segundo casamento um ano depois. *"Agora que me deixas, te amo mais do que nunca"*, foi uma frase sua, escrita em seu diário. Seus quadros, tais como 'Diego e Frida II', "O abraço amoroso', 'Pensando na morte' ou 'Diego e eu' mostram aspectos de sua relação de casal que muito bem poderiam ilustrar uma relação gemelar ou de fusão.

Nas pinturas 'As duas Fridas', Árvore da Esperança' ou 'Dois atos no bosque' aparece um desdobramento chamativo de sua pessoa e que, ao mesmo tempo, expressa a polaridade vida-morte. Em numerosos de seus quadros aparecem os temas da fertilidade, sexualidade, parto e perda. O último também foi, sem dúvida, motivado pelo fato de que a própria Frida Kahlo perdeu três gravidezes durante sua vida.

Em vários autorretratos seus, ela se pinta como um animal de estimação, seja um pássaro, um cachorro ou seu macaco Fulang-Chang, segurando-os em seus braços ou sobre de seu corpo. Seus animais eram muito importantes para ela. *"Você não vai acreditar, 'Bonito' o pequeno papagaio morreu. Organizei um pequeno funeral para ele, com todos os detalhes, e chorei terrivelmente; ele foi tão gracioso, te lembras? Diego também ficou muito triste"*, escreveu em uma carta a sua amiga Emmy Lou Packard".

Capítulo 32: Outras culturas

Quando olhamos para outras culturas, como as da África, Ásia ou as chamadas 'culturas primitivas' em diferentes partes do mundo, deparamos inevitavelmente com o tema do gêmeo. Queremos ilustrar aqui apenas dois exemplos. Um é o de Bali, onde, como em muitas outras culturas - também na nossa de antigamente - a placenta que sai no final de um parto recebe um tratamento especial. Considerando que é a placenta que absorve frequentemente o corpo morto do gêmeo evanescente, nos parece apropriado e cheio de sentido, este trato cuidadoso.

O outro exemplo é do oeste da África, onde vive a tribo dos Yorubá. Seu culto respeitoso para com os gêmeos mortos pode ser considerado como 'psicologia de ponta', considerando o desenvolvimento da psicologia nos últimos 50 anos. Entretanto, esse culto já existe há vários séculos!

Bali

O texto seguinte é um fragmento do livro de Elisabeth Gilbert: 'Comer, rezar, amar', publicado pela Editora Aguilar.

'Ketut me explicou que os balineses acreditam que, ao nascer, nos acompanham quatro irmãos invisíveis, que vêm ao mundo conosco e nos protegem durante a nossa vida. Quando um bebê está no útero materno, já está com os quatro irmãos, representados pela placenta, o líquido amniótico, o cordão umbilical e essa substância de aparência viscosa, de cor amarelada, que protege a pele das crianças antes de nascer. Ao nascer a criança, os pais guardam a maior quantidade possível desses elementos alheios ao parto em si, e os colocam dentro de uma casca de coco, a qual enterram junto à porta da casa da família. De acordo com os balineses, este é o lugar sagrado dos quatro irmãos que não nasceram. Por isso, cuidam dele durante toda a vida, venerando-o como um santuário.

Quando atinge a idade da razão, o menino aprende que tem quatro irmãos que o acompanham onde quer que vá, cuidando dele para sempre. Os quatro irmãos moram nas quatro virtudes necessárias para encontrar a serenidade e a felicidade: inteligência, amizade, força e poesia. Se nos encontrarmos em uma situação crítica, podemos pedir aos quatro irmãos que venham nos tirar deste apuro. Quando morrermos, os espíritos dos quatro irmãos são os que levarão nossas almas para o céu".

O culto de gêmeos no oeste da África*

Os Iorubas, com 20 milhões de indivíduos, são o maior grupo étnico da África. Habitam toda a Nigéria e Benin. Uma peculiaridade desta tribo é que apresenta uma percentagem extraordinariamente alta de partos múltiplos, quatro vezes maior do que a da Europa. A falta de uma rede sanitária moderna e o maior risco inerente nas gravidezes múltiplas resultam em uma alta mortalidade: quase a metade dos gêmeos morre no parto ou durante a infância.

Não é surpresa que, em sua cultura, os gêmeos tradicionalmente ocupem um lugar de destaque. Segundo a tradição dos *Iorubas*, os gêmeos compartilham uma alma, que é inseparável. Quando um dos gêmeos morre, rompe-se esta unidade e este fato coloca, implicitamente, o seu irmão sobrevivente em perigo de morte. Para evitar que o outro siga seu gêmeo morto, têm um ritual que mantém a unidade da alma dos gêmeos e que, por sua vez, canaliza o processo de luto da mãe e de sua família. Os pais encomendam um Ibeji, uma pequena escultura de madeira, entre 20 e 30 centímetros de altura. (Na língua do povo de Iorubas, *Ibeji* quer dizer gêmeo: IBI = nascido, e EJI = dois.) Esta figura representa o bebê morto, mas é feito com a aparência de um adulto, com sinais óbvios do sexo da pessoa e do clã ao qual pertence. O entalhador é eleito com a ajuda de um Babalowo ('pai dos mistérios'), vidente e sacerdote do povo. Este geralmente escolhe um entalhador profissional especial, mas também pode acontecer que ele o encomende ao próprio pai esculpir o *Ibeji*.

Uma vez que a escultura esteja pronta, o *Babalowo* oficia um ritual público para convidar a alma do gêmeo não nascido para morar no Ibeji. A partir daí o *Ibeji* é tratado como se o gêmeo continuasse vivo, de alguma maneira. A mãe lhe oferece comida, dá-lhe banho com regularidade, aplica-lhe uma mistura de óleo e pó de madeira vermelha sobre o corpo e pigmento azul no cabelo, e em algumas áreas, também veste-o com uma roupa. Cantam e rezam para ele, e pode ser até que o levem consigo, enrolado em seu vestido. É comovente ver como a cabecinha de um ou dois *Ibeji* sobressaem da túnica da mãe. Ao passo que, nos primeiros anos, guarda-se o *Ibeji* perto da cama da mãe, com o tempo ele é colocado no altar dos ancestrais que existe na casa. A responsabilidade por cuidar de um *Ibeji* é, em primeiro lugar, da mãe, depois do gêmeo vivo e das mulheres das gerações posteriores da família.

O primeiro gêmeo que nasce chama-se tradicionalmente *Taiyewo* ou *Tayewo*, nome comumente é reduzido para *Taiwo*, *Taiye* ou *Taye*. Significa 'o primeiro a saborear o mundo'. *Kehinde* é o nome do segundo gêmeo, 'o que chega depois'. Diz-se que o *Kehinde* é enviado para o *Taiyewo* para ver a vida lá fora, no mundo. Desta maneira Taiyewo sai e será o primeiro que nasceu. Na continuação, ele comunica a *Kehinde*, através de uma maneira especial de gritar, se a vida lhe parece boa ou não. Desta resposta, depende se *Kehinde* chega ao mundo vivo ou morto. Ambos retornam ao mundo dos ancestrais, de onde vieram, se a resposta de *Taiyewo* não for suficientemente boa para nenhum dos dois. Diz-se que *Taiyewo* é normalmente o tranquilo e introvertido dos gêmeos, ao passo que *Kehinde* é mais extrovertido e inquieto.

Ter gêmeos em casa é considerado uma sorte, em boa parte da África negra. Acredita-se que eles sejam os intermediários entre os deuses e os homens, e que podem influir a favor do bem-estar de sua família. Quando os dois gêmeos morrem durante o parto, se entalham dois *Ibeji* porque, deste modo, sua presença abençoa a família, enquanto forem cuidados e honrados ritualisticamente. Também se entalha um segundo *Ibeji* quando o primeiro gêmeo morre durante o parto e o segundo morre posteriormente na infância ou adolescência.

Como acontece em muitas sociedades da África negra, que olham os gêmeos como portadores de sorte ou de desgraça, os Iorubas também têm uma relação ambivalente com respeito aos gêmeos. Nos tempos antigos, acreditavam que os gêmeos eram algo mal e antinatural que não tinha explicação, trazendo má sorte para o seu povo. Como consequência, era uma prática habitual matar os recém-nascidos. Este costume cruel mudou ao redor do século XVIII. De acordo com uma lenda antiga, o povo dos Iorubas caiu em profunda melancolia. Então, quando o rei dos Iorubas consultou o oráculo de Ifa, este lhe ordenou que parassem imediatamente de matar os bebês gêmeos, e que não eram maus, pelo contrário, portadores de boa sorte porque eram intermediadores entre os deuses e os homens. A partir daí instalou-se o culto de veneração dos gêmeos e suas mães e, com o tempo, terminou o infanticídio. Outra lenda reza que a esposa do legendário rei *Ajaka* deu à luz a gêmeos, e este deu ordens para mudar a tradição e salvar seus filhos.

Nos povos vizinhos dos Iorubas da Nigéria, na tribo dos Ewe em Togo, Benín e Gana existe um culto similar, que são os *Venavi*. Estas figuras recebem um tratamento parecido com o dos *Ibeji*. Como é costume tocar seus rostos cada vez que se fala com eles, com o passar dos anos os rostos desaparecem. É comum também, que falte algo mais nessas estátuas, normalmente uma parte do pé ou do braço. Isto se origina em um rito de cura. Quando o gêmeo vivo fica gravemente doente, implora-se a ajuda da alma que reside no *Venavi*, em favor do doente. O *Babalawo* prepara um remédio que contém limalhas de *Venavi*. Comumente, o gêmeo se recupera de sua enfermidade graças à ajuda de seu gêmeo.

Por outro lado, hoje em dia há países onde os gêmeos sofrem as consequências das superstições de sua gente. Faz algum tempo que saiu uma notícia na imprensa sobre isso. O nascimento de gêmeos em algumas regiões da ilha de Madagascar não é recebido com alegria, não por motivos econômicos ou pela dificuldade de se criarem dois bebês ao mesmo tempo. Os fady ou tabus locais desempenham uma parte importante na vida diária desta grande ilha. Na região de Mananjary está muito arraigada a crença de que o nascimento de gêmeos traz má sorte, os pais se vêm obrigados a separá-los, afim de não ficarem isolados pelos vizinhos. Entre os anos 1988 e 2008, de acordo com as autoridades, dois orfanatos de Mananjary receberam 236 gêmeos abandonados.

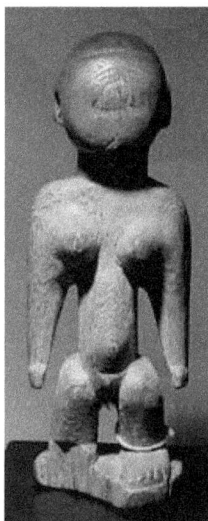

* Uma primeira versão deste capítulo foi publicada como um artigo, sob o mesmo título, no ECOS-Boletim de março de 2010; como nos parece de grande interesse, voltamos a apresentá-lo aqui.

Capítulo 33: Mitos antigos

Os ancestrais de raízes greco-latinas influenciaram profundamente nossa cultura ocidental. Por um lado, filósofos como Sócrates, Platão e Aristóteles lançaram as bases de nosso pensamento e de nossa ciência e continuam a nos influenciar até hoje. Por outro, nosso universo mítico e arcaico originou-se, em grande parte, dos mitos gregos e romanos. Neles, aparecem de forma surpreendente, vários pares de gêmeos, começando com o próprio rei dos deuses, Zeus e sua esposa Hera. Neste capítulo ilustraremos brevemente algumas das histórias em que aparecem gêmeos e a morte de um deles.

Castor e Pólux

Na mitologia grega, os gêmeos Castor e Pólux foram dois famosos heróis, filhos de Leda e irmãos de Helena de Tróia. Eram chamados os Dioscuros, 'filhos de Zeus'. Em latim, eram conhecidos como Gemini, 'gêmeos'. Os irmãos eram inseparáveis em todas as suas aventuras e saíram vitoriosos em muitas delas.

Castor e Pólux raptaram as filhas de Leucipo, Hilaira e Febe, e se casaram com elas. Por causa disso, Idas e Linceo, ambos membros da família de Leucipo, mataram Castor. Pólux, que havia recebido de Zeus o dom da imortalidade, havia abandonado essa condição, por não poder compartilhá-la com Castor. Zeus fez um pacto com seu irmão Hades, pelo qual os irmãos pudessem passar seis meses no Olimpo e os outros seis no reino de Hades. Assim, ambos se alternariam como deuses no Olimpo e mortais falecidos no Hades.

Hipnos y Thanatos

Outro mito grego é o dos gêmeos Hipnos e Thanatos, deuses do sono e da morte, ambos filhos de Nix, a noite. Uma interpretação deste mito é de que Thanatos morreu e seu irmão Hipnos se uniu a ele em seus sonhos. Existe um provérbio alemão que reza: o sonho é o irmão menor da morte.

Assim, o gêmeo vivo continua unido ao seu irmão morto. Uma vez adulto, de alguma maneira, sente um tipo de distância de seu ente querido, de seu ambiente e da própria vida. Simbolicamente, poder-se-ia dizer que tem um pé na vida e o outro, na morte. Às vezes procura a morte, de forma inconsciente, a fim de estar novamente junto a seu irmão.

Narciso e Ecos

Existem várias versões desta história, dependendo do autor ou da fonte, como quase sempre ocorre com mitos antigos. De acordo com a versão de Pausânias, o belo Narciso e a irmã Ecos eram gêmeos. Eram muito semelhantes, vestiam-se da mesma maneira, cortavam o cabelo de modo parecido e compartilhavam suas atividades, como o hábito de passear no bosque ou ir à caça. Quando ela morreu, ainda jovem, ele ficou inconsolável. Vagava pelo bosque chamando-a pelo nome e buscando-a por toda parte, mas só encontrava os ecos de sua própria voz. Em meio à uma profunda solidão, finalmente encontrou alívio, ao aproximar-se de uma fonte e contemplar o seu reflexo na água, crendo que era ela, a quem via. Narciso acabou afogado na água, pois não conseguia ficar contemplando sua imagem.

Federico Garcia Lorca o louva, em seu poema intitulado - 'Narciso':

"Menino,
Vais cair no rio!
No fundo, há uma rosa e na rosa há outro rio.
Olha aquele pássaro! Olha aquele pássaro amarelo!
Caíram-lhe os olhos dentro d'água.
Deus meu!
Ele escorrega! Menino!
... E na rosa estou eu mesmo.
Quando se perdeu na água, compreendi. Mas não explico".

Desenho de Federico García Lorca.

Não nos parece casual que Narciso seja filho de Cefiso, deus das águas e sua mãe Liríope, uma ninfa, também uma divindade das águas. Do final do poema, poder-se-ia interpretar que Narciso voltou à sua origem, à vida intrauterina.

Platão

Para finalizar nosso trajeto pelo mundo dos gêmeos solitários, parece-nos o mais apropriado incluir aqui um fragmento do famoso diálogo 'O Banquete' de Platão, no qual ele contempla o tema do Amor. Embora não mencione gêmeos explicitamente, certos paralelismos são óbvios.

Nele, Platão fala pela boca de Aristófanes:

"Mas, primeiro, é preciso que conheçam a natureza humana e as modificações que sofreu, considerando que a nossa natureza antiga não era a mesma de agora, porém diferente. Em primeiro lugar, os gêneros da humanidade eram três, não dois como agora, o masculino e o feminino, havia mais um terceiro, o qual participava destes dois,

cujo nome ainda sobrevive, embora ele próprio tenha desaparecido; o Andrógeno era então um gênero distinto, tanto na forma como no nome, porém comum aos dois, ao masculino e ao feminino, enquanto hoje nada mais é do que apenas um nome, e jaz em desonra.

Possuíam uma força e um vigor extraordinários, e também, uma grande presunção, ao ponto de conspirar contra os deuses (...)

Depois de pensar detidamente, assim disse Zeus: 'Acho que tenho um meio de fazer com que os homens possam continuar a existir, mas tornando-os mais fracos, farei desaparecer sua arrogância. Agora mesmo, continuou, cortarei cada um em dois, e assim ficarão mais débeis, porém mais úteis para nós, pelo fato de duplicarmos o seu número'.

Por conseguinte, desde que a nossa natureza foi seccionada em dois, ansiava cada uma por sua própria metade e a ela se unia, e dando-se as mãos e enlaçando-se um ao outro, na ânsia de se confundirem em uma só natureza, morriam de fome e de inanição total, por nada quererem fazer um longe um do outro. E sempre que morria uma das metades e a outra ficava, a que ficava buscava a outra metade, aquela que agora precisamente chamamos de mulher, ou um homem e com ela se enlaçava; e assim iam morrendo.

Tomado de compaixão, Zeus inventou outro expediente, e mudou os órgãos do sexo de ambos para a parte da frente, pois até então eles os tinham por fora, gerando e reproduzindo não um com o outro, mas na terra, como as cigarras. Pondo assim o sexo na parte da frente de cada um, fez com que através dele se processasse a geração de um no outro, o macho na fêmea, para que no enlace o homem se juntasse com uma mulher e, ao mesmo tempo gerasse e continuasse existindo a raça humana.

E desde então, o amor de um pelo outro é inato nos homens e o restaurador da nossa antiga natureza, em sua tentativa de fazer um só de dois e de curar a natureza humana.

Quando então se encontra com aquela que é a sua própria metade, são extraordinárias as emoções que sentem, de amizade, intimidade e amor, a ponto de não quererem, por assim dizer, separar-se um do outro nem por um momento. Estes são os que continuam um com o outro pela vida afora, os quais nem saberiam dizer o que desejam realmente um do outro. A ninguém pareceria que se trata apenas da união sexual e que, porventura é por isso que um se compraz tanto na companhia do outro, e com tanto interesse. Ao contrário, é evidente que a alma de cada um deseja outra coisa que não pode expressar, porém adivinha o que quer e o indica por meio de enigmas. Se, deitados no mesmo leito, surgisse diante deles Hefesto, com seus instrumentos e lhes perguntasse: 'O que é que realmente as pessoas querem ter uma da outra?' E se, diante de sua perplexidade, de novo lhes perguntasse: 'Porventura é isso que desejam, ficar no mesmo lugar, o maior tempo possível um com o outro, de modo que, nem de noite nem de dia fiquem separados um do outro? Pois se é isso que desejam, quero fundi-los e forjá-los numa mesma pessoa, de modo que, de dois se tornem um só e, enquanto viverem como uma só pessoa, possam viver ambos em comum, e depois que morrerem, em vez de dois serão um só, mortos numa morte comum, lá no Hades. Mas vejam bem, se é isso que desejam e ficarão felizes se conseguirem isso !' Ao ouvirem essas palavras, sabemos que nem um só diria que não, ou demonstraria querer outra coisa, mas simplesmente iriam acreditar ter ouvido aquilo que de há muito desejavam, isto é, unir-se e confundir-se com o amado e de dois ficarem um só. Por isso é que a nossa antiga natureza era assim e nós éramos um todo. O amor é, consequentemente, o nome para o desejo e a busca dessa integridade".

Esta figura gemelar, esculpida em mármore, tem uns 8.000 anos de antiguidade!
Foi encontrada em Catal Höyük, Turquia. Coleção do Museu da Cultura Anatólica, Ankara.

Anexo

Bibliografia e fontes

Perspectiva biológica

Capítulos 1 y 2:

Larsen, W.J. (2003): *Embriologia Humana*. Espanha: Editorial Elselvier
Chamberlain, D. (2013) *Windows to the womb*. USA: North Atlantic Books
Feenstra, Coks (2007): *El Grand Libro de los Gemelos:* Espanha: Edições Medici
Hayton, Althea (2011): *Womb Twin Survivors*. Inglaterra: Wren Publications
National Geographic (2006): *En el Vientre Materno*: Gemelos, Trillizos y Cuatrillizos. USA

Capítulo 3:

Levi, S. (1976): *Ultrassonic assessment of the high rate of human multiple pregnancy on the first quarter*. Clinical Ultrasound, Vol. 4, N° 1
Boklage, C.E. (1995): *The Frequency and Survivability of Natural Twin Conceptions* Capítulo en Keith, L. & Papiernik, E. *Múltiple Pregnancy: Epidemiology, Gestation and Perinatal Outcome*. USA: Parthenon
Landy, H.J. (1986): *The Vanishing Twin*. Acta Geneticae Medicae et Gemellologia. Vol. 31, N° 3-4
Landy, H.J. (1998): *The Vanishing Twin*, A Review. Human Reproduction Update, Vol. 4, N° 2

Capítulo 4:

Cepeda, Arturo: *La muerte de un hermano en el útero y sus manifestaciones biológicas.* Artículo sin publicar, 2013
National Geographic (2006): *En el Vientre Materno: Gemelos, Trillizos y Cuatrillizos.* USA
Hayton, Althea (2011): *Womb Twin Survivors.* England: Wren Publications
Edmonds, H. & Hawkins, J. (1941): *The Relationship of Twins, Teratomas, and Ovarian Dermoids.* USA: Cancer Research, November
Kasátkina, Svetlana: *Quimeras humanas con dos ADN ¿Quiénes son?* La Voz de Rusia 25/5/2013

Capítulos 5 y 6:

Chamberlain, D. (2013): *Windows to the womb.* USA: North Atlantic Books Chanberlain, D. (2002): *La mente del bebe recién nacido. Espanha:* OB Stare Austermann, A. & Austermann B. (2006): *Das Drama in Mutterleib.* Alemanha: Königsweg Verlag
Piontelli, Alessandra (2002*): Del feto al niño.* Espanha: Espaxs, S.A. Publicaciones Medicas
Kelly, J. & Verny T. (1988*): La vida secreta del niño antes de nacer.* Espanha: Urano
Hayton, A. (2011): *Womb Twin Survivors.* Inglaterra: Wren Publications
Hepper, P. (1997): *Fetal habituation: another Pandora's box?* Developmental Medicine & Child Neurology, 39
James, D. (2010): *Fetal learning: a critical review.* Infant and Child Development, N° 19
Bergland, R. (1988*): La fábrica de la mente.* Espanha: Editorial Pirámide
Pert, C. (1985): *Neuropeptides and their receptors: A psychosomatic network.* Journal of Immunology 135 (2)
Miller, J.G. (1978): *Living systems.* USA: McGraw-Hill
Pearsall, P. Schwartz, & G. Russek, L. (2005): *Organ Transplants and Cellular Memories.* Nexus Magazine, Volume 12, Number 3

Singer, J.: *Las Matrices Perinatales. Su Influencia en el Desarrollo del Niño y del Adulto.* Ob Stare
Ring, K. (1980): Life at death: A scientific investigation of the near death experience. USA: Coward, McCann y Geoghegan
Wade, J. (1996): *Changes of mind – A holonomic theory of the evolution of consciousness.* USA: State University of New York Press

Perspectiva psicológica

Austermann, Alfred & Austermann, Bettina (2009): *Das Drama im Mutterleib* – Der verlorene Zwilling. Alemanha: Königsweg-Verlag
Austermann, Alfred & Austermann, Bettina (Hg.) (2013*): Ich habe meinen Zwilling verloren – Alleingeborene erzählen.* Alemanha: Königsweg-Verlag
Babcock, B. (2009): *My Twin Vanished: Did Yours? – The Vanishing Twin Crisis.* USA: Tate Publishing & Enterprises
Berne, Eric (1974): *¿Qué dice usted después de decir hola?: La psicología del destino humano.* Espanha: Editorial Grijalbo
Chamberlain, David (2013): *Windows to the womb – Revealing the Conscious Baby from Conception to Birth.* USA: North Atlantic Books
Chamberlain, David (2002): *La mente del bebé recién nacido.* Espanha: Edi- torial OB Stare
Feenstra, Coks (2007): *El gran libro de los gemelos.* Espanha: Ediciones Medici
Hayton, Althea (2007): *Untwinned – Perspectives on the death of a twin before birth.* Inglaterra: Wren Publications.
Hayton, Althea (2008): *A Silent Cry – Wombtwin survivors tell their stories.* Inglaterra: Wren Publications.
Imbert, Claude (2000*): Un seul etre vous manque… – Auriez-vouseu un jumeau.* França: Editions VH
Levend, Helga & Janus, Ludwig (2011*): Bindung beginnt vor der Geburt.* Alemanha: Mattes Verlag
Martorell, J. L. (2002): *El guion de vida.* Espanha: Desclée de Brouwer
Mayer,N. J. (1998*): Der Kain-Komplex.* Alemanha: Integral Verlag
McCarty, Wendy Anne (2008): *La conciencia del bebé antes de nacer.* México: Editorial Pax

Pinheiro, Claudia (2012): *Wir – Ich. Alemania*: Mattes-Verlag

Ruppert, Franz (2014): *Frühes Trauma. Schwangerschaft, Geburt und erste Lebensjahre.* Alemanha: Klett-Cotta Verlag

Steinemann, Evelyne (2006): *Der verlorene Zwilling – Wie ein vorgeburtli- cher Verlust unser Leben prägen kann.* Alemanha: Kösel-Verlag

Verny, Dr. Thomas & Kelly, John (1988): *La vida secreta del niño antes de nacer.* Espanha: Ediciones Urano

Wade, J. (1996): *Changes of mind – A holonomic theory of the evolution of consciousness.* USA: State University of New York Press

Wilheim, Joanna (1995*): Unterwegs zur Geburt – Eine Brücke zwischen dem Biologischen und dem Psychischen.* Alemanha: Mattes Verlag

Woodward, J. (1998): *The Lone Twin – Understanding twin bereavement and loss.* Inglaterra: Free Association Books

Sites internacionais de interesse:

Em espanhol:

www.gemelosolitario.net (nossa página)
www.asociacionpsicologiaperinatal.com
www.memorias-prenatales.com
www.partosmultiples.net www.anep.org.es

Em inglês:

www.birthpsychology.com
www.wombtwin.com
 www.saga.co.uk/magazine/relationships/family/LoneTwins.asp

Em alemão:

www.isppm.de
www.ifosys.de
www.evelynesteinemann.ch

Em francês:

www.omaep.com
www.claude-imbert.com

Em português:

www.gemeo-singular.blogspot.com
www.vizinhosdeutero.com.br

A nosso respeito

Peter Bourquin

De origem alemã, reside perto de Barcelona desde 1998. Fundador e Codiretor do Instituto ECOS – Escola de Constelações Sistêmicas. Escritor e terapeuta de enfoque humanista, formado em Constelações Familiares, Terapia Gestalt, Brainspotting e Psicoterapia Integradora, com Richard Erskine.

Desde 2001 leciona Formação em Constelações Familiares em diversas cidades espanholas. Colabora na Formação e Supervisão de Profissionais em diversos Institutos Terapêuticos na Espanha e América Latina. É membro didata das Associações Alemã e Espanhola (DGfS e AEBH).

É autor dos livros LAS CONSTELACIONES FAMILIARES (2007) e EL ARTE DE LA TERAPIA (2011), ambos publicados pela Editorial Desclée De Brouwer, bem como de numerosos artigos; é Editor do ECOS-boletín desde 2005.

Carmen Cortés Berenguer

Codiretora e Professora Docente do Instituto ECOS – Escola de Constelações Sistêmicas. Perita Profissional em Constelações Familiares y Sistêmicas pelo Real Centro Universitário María Cristina. Formada em diversos enfoques terapêuticos humanistas: Terapia Gestalt; Psicoterapia Integradora com Richard Erskine; Brainspotting; Programa SAT de psicoterapia integradora e eneagrama com Claudio Naranjo; 'Gimnasia Centros de Energía'.

Leciona Oficinas de Constelações Familiares e colabora na Formação e Supervisão de Profissionais em diversos Institutos Terapêuticos na Espanha e América Latina.

Contato

Peter Bourquin & Carmen Cortés
info@ecosweb.net
www.ecosweb.net
www.gemelosolitario.net

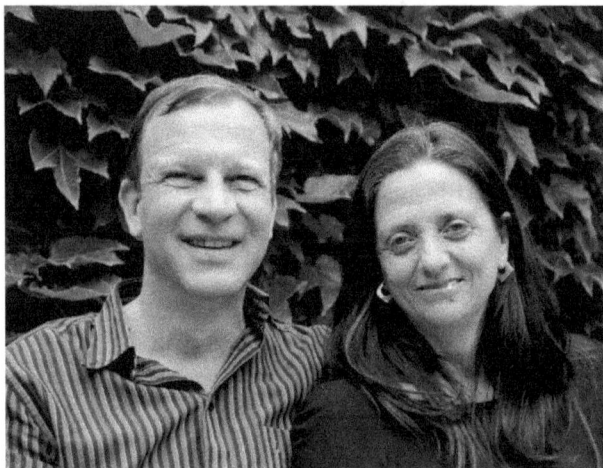

MAIS LIVROS DA
TRAUMACLINIC EDIÇÕES

Leia mais sobre nossos livros em nosso site
www.traumaclinicedicoes.com.br

Oferecemos desconto para aquisição em quantidade para livros impressos

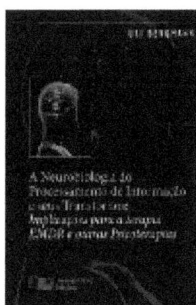

A Neurobiologia do Processamento de Informação e seus Transtornos
Uri Bergmann, Ph.D.

A Revolução EMDR
Tal Croitoru

Brainspotting
David Grand, Ph.D.

Cura Emocional em Velocidade Máxima
David Grand, Ph.D.

**Curando A Galera
Que Mora Lá Dentro**
Esly Carvalho, Ph.D.

**Cure Seu Cérebro,
Cure Seu Corpo**
Esly Carvalho, Ph.D.

**Definindo e
Redefinindo EMDR**
David Grand, Ph.D.

**Deixando O Seu
Passado no Passado**
Francine Shapiro, Ph.D.

Dia Ruim... Vá Embora
Ana Gómez

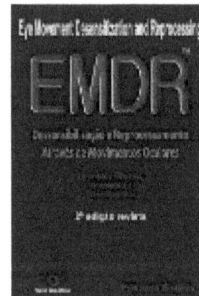

**EMDR: Princípios
Básicos, Protocolos e
Procedimentos**
Francine Shapiro, Ph.D.

EMDR e Terapia Familiar
Francine Shapiro, Ph.D.

O Cérebro no Esporte
David Grand, Ph.D.

O Gêmeo Solitário
Peter Bourquin e
Carmen Cortés

O Mensageiro EMDR
Tal Croitoru

Resolva Seu Passado
Esly Carvalho, Ph.D.

Ruptura e Reparação
Esly Carvalho, Ph.D.

Saindo Dessa
Esly Carvalho, Ph.D.

**Terapia EMDR e
Abordagens Auxiliares
com Crianças**
Ana Gómez

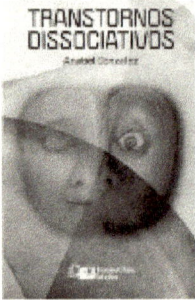

Transtornos Dissociativos
Anabel Gonzalez

Trauma e Pós-Parto
Jay Noricks, Ph.D.

Casal em Foco
Silvana Ricci Salomoni

Para conhecer mais o material da TraumaClinic Edições visite nosso site: www.traumaclinicedicoes.com.br

Para receber mais notícias e aviso de promoções do nosso material, inscreva-se aqui: http://bit.ly/2wEzW2j